中华人民共和国
老年人权益保障法

注释本

法律出版社法规中心　编

法律出版社
LAW PRESS CHINA

·北 京·

图书在版编目（CIP）数据

中华人民共和国老年人权益保障法注释本／法律出版社法规中心编． --3 版． --北京：法律出版社，2025． --（法律单行本注释本系列）． --ISBN 978-7-5197-9640-2

Ⅰ．D923.75

中国国家版本馆 CIP 数据核字第 20241B0U28 号

| 中华人民共和国老年人权益保障法注释本 ZHONGHUA RENMIN GONGHEGUO LAONIANREN QUANYI BAOZHANGFA ZHUSHIBEN | 法律出版社法规中心 编 | 责任编辑 冯高琼
装帧设计 李 瞻 |

出版发行 法律出版社	开本 850 毫米×1168 毫米 1/32
编辑统筹 法规出版分社	印张 6.25 字数 168 千
责任校对 张红蕊	版本 2025 年 1 月第 3 版
责任印制 耿润瑜	印次 2025 年 1 月第 1 次印刷
经　销 新华书店	印刷 涿州市星河印刷有限公司

地址:北京市丰台区莲花池西里 7 号(100073)
网址:www.lawpress.com.cn　　　　　　销售电话:010-83938349
投稿邮箱:info@lawpress.com.cn　　　　客服电话:010-83938350
举报盗版邮箱:jbwq@lawpress.com.cn　　咨询电话:010-63939796
版权所有·侵权必究

书号:ISBN 978-7-5197-9640-2　　　　　定价:22.00 元
凡购买本社图书,如有印装错误,我社负责退换。电话:010-83938349

编辑出版说明

现代社会是法治社会,社会发展离不开法治护航,百姓福祉少不了法律保障。遇到问题依法解决,已经成为人们处理矛盾、解决纠纷的不二之选。然而,面对纷繁复杂的法律问题,如何精准、高效地找到法律依据,如何完整、准确地理解和运用法律,日益成为人们"学法、用法"的关键所在。

为了帮助读者快速准确地掌握"学法、用法"的本领,我社开创性地推出了"法律单行本注释本系列"丛书,至今已十余年。本丛书历经多次修订完善,现已出版近百个品种,涵盖了社会生活的重要领域,已经成为广大读者学习法律、应用法律之必选图书。

本丛书具有以下特点:

1. 出版机构权威。成立于1954年的法律出版社,是全国首家法律专业出版机构,始终秉承"为人民传播法律"的宗旨,完整记录了中国法治建设发展的全过程,享有"社会科学类全国一级出版社"等荣誉称号,入选"全国百佳图书出版单位"。

2. 编写人员专业。本丛书皆由相关法律领域内的专业人士编写,确保图书内容始终紧跟法治进程,反映最新立法动态,体现条文内涵。

3. 法律文本标准。作为专业的法律出版机构,多年来,我社始终使用全国人民代表大会常务委员会公报刊登的法律文本,积淀了丰富的标准法律文本资源,并根据立法进度及时更新相关内容。

4.条文注解精准。本丛书以立法机关的解读为蓝本,给每个条文提炼出条文主旨,并对重点条文进行注释,使读者能精准掌握立法意图,轻松理解条文内容。

5.配套附录实用。书末"附录"部分收录的均为重要的相关法律、法规和司法解释,有的分册收录相关典型案例,使读者在使用中更为便捷,使全书更为实用。

需要说明的是,本丛书中"适用提要""条文主旨""条文注释"等内容皆是编者为方便读者阅读、理解而编写,不同于国家正式通过、颁布的法律文本,不具有法律效力。本丛书不足之处,恳请读者批评指正。

我们用心打磨本丛书,以期待为法律相关专业的学生释法解疑,致力于为每个公民的合法权益撑起法律的保护伞。

法律出版社法规中心
2024年12月

目 录

《中华人民共和国老年人权益保障法》适用提要 …………… 1

中华人民共和国老年人权益保障法

第一章　总则 …………………………………………………… 7
　　第一条　立法目的与依据 ………………………………… 7
　　第二条　适用范围 ………………………………………… 8
　　第三条　基本原则 ………………………………………… 9
　　第四条　总体目标 ………………………………………… 10
　　第五条　社会保障 ………………………………………… 11
　　第六条　老龄事业发展规划 ……………………………… 12
　　第七条　社会责任 ………………………………………… 14
　　第八条　老龄化国情教育 ………………………………… 15
　　第九条　社会研究 ………………………………………… 15
　　第十条　奖励 ……………………………………………… 16
　　第十一条　老年人的义务 ………………………………… 16
　　第十二条　法定节日 ……………………………………… 17
第二章　家庭赡养与扶养 ……………………………………… 17
　　第十三条　养老基础 ……………………………………… 17
　　第十四条　赡养人义务 …………………………………… 18
　　第十五条　对患病、经济困难、生活不能自理的老年人
　　　　　　　的赡养 ………………………………………… 19
　　第十六条　老年人的住房保障 …………………………… 20
　　第十七条　老年人承包的田地及其林木、牲畜的

　　　　　　收益………………………………………… 20
　　第十八条　关怀老年人的精神需求…………………… 21
　　第十九条　赡养义务的强制性………………………… 22
　　第二十条　赡养协议…………………………………… 23
　　第二十一条　老年人的婚姻自由……………………… 24
　　第二十二条　老年人的财产权益……………………… 24
　　第二十三条　扶养义务………………………………… 26
　　第二十四条　不履行赡养、扶养义务………………… 27
　　第二十五条　禁止家庭暴力…………………………… 27
　　第二十六条　监护人…………………………………… 28
　　第二十七条　家庭养老支持政策……………………… 29
第三章　社会保障………………………………………… 30
　　第二十八条　养老保险制度…………………………… 30
　　第二十九条　医疗保险制度…………………………… 31
　　第三十条　护理保障工作……………………………… 32
　　第三十一条　老年人救助……………………………… 32
　　第三十二条　住房照顾………………………………… 34
　　第三十三条　老年人福利……………………………… 34
　　第三十四条　养老金及其他待遇保障………………… 36
　　第三十五条　物质帮助………………………………… 36
　　第三十六条　扶养、扶助协议………………………… 36
第四章　社会服务………………………………………… 38
　　第三十七条　社区养老服务…………………………… 38
　　第三十八条　养老服务设施…………………………… 39
　　第三十九条　政策支持………………………………… 40
　　第四十条　养老服务设施用地………………………… 40
　　第四十一条　公办养老机构…………………………… 40
　　第四十二条　分类管理和评估………………………… 41

第四十三条　养老机构的登记……………………41
　第四十四条　养老机构综合监管制度……………42
　第四十五条　监督检查措施………………………42
　第四十六条　养老机构的变更、终止……………43
　第四十七条　养老服务人才培养…………………43
　第四十八条　养老服务协议………………………44
　第四十九条　养老责任保险………………………45
　第五十条　　老年医疗卫生服务…………………45
　第五十一条　医学研究和健康教育………………46
　第五十二条　老龄产业……………………………47
第五章　社会优待……………………………………48
　第五十三条　社会优待……………………………48
　第五十四条　为老年人及时、便利地享受物质帮助
　　　　　　　提供条件……………………………49
　第五十五条　重大事项询问并优先办理…………49
　第五十六条　司法优待……………………………49
　第五十七条　医疗优待……………………………51
　第五十八条　优先、优惠服务……………………52
　第五十九条　文体场所优待………………………53
　第六十条　　筹劳义务免除………………………54
第六章　宜居环境……………………………………55
　第六十一条　宜居环境建设………………………55
　第六十二条　服务设施建设………………………55
　第六十三条　工程建设标准体系…………………56
　第六十四条　无障碍设施建设……………………56
　第六十五条　宜居社区建设………………………56
第七章　参与社会发展………………………………57
　第六十六条　重视老年人作用……………………57

第六十七条　老年人组织 57
　　第六十八条　听取老年人和老年人组织的意见和建议
　　　　　　　　 58
　　第六十九条　对老年人参与社会活动的支持和保障 59
　　第七十条　参加劳动 59
　　第七十一条　老年人教育 60
　　第七十二条　老年人文化生活 61
第八章　法律责任 61
　　第七十三条　侵权救济 61
　　第七十四条　不作为或失职的法律责任 62
　　第七十五条　家庭纠纷处理 62
　　第七十六条　干涉婚姻自由，拒不履行赡养、扶养义务，
　　　　　　　　虐待或实施家庭暴力的法律责任 63
　　第七十七条　侵犯老年人财产权益的法律责任 64
　　第七十八条　侮辱、诽谤老年人的法律责任 64
　　第七十九条　养老机构及其工作人员侵害老年人
　　　　　　　　人身、财产权益的法律责任 65
　　第八十条　渎职行为的法律责任 65
　　第八十一条　不履行优待老年人义务的处理 66
　　第八十二条　工程设施不符合规定的法律责任 66
第九章　附则 67
　　第八十三条　变通或补充规定制度 67
　　第八十四条　溯及效力 67
　　第八十五条　施行日期 67

附录一　关联法规

中华人民共和国民法典（节录）（2020.5.28） 68
最高人民法院关于适用《中华人民共和国民法典》婚姻

家庭编的解释（一）（2020.12.29） ……………………………… 99
最高人民法院关于适用《中华人民共和国民法典》继承
　编的解释（一）（2020.12.29） ……………………………… 111
中华人民共和国社会保险法（节录）(2018.12.29 修正) …… 116
中华人民共和国反家庭暴力法（2015.12.27） ………………… 120
中华人民共和国刑法（节录）（2023.12.29 修正） …………… 125
全国人民代表大会常务委员会关于实施渐进式延迟法定
　退休年龄的决定（2024.9.13） ………………………………… 127
养老机构管理办法（2020.9.1） ………………………………… 140
个人养老金实施办法（2022.10.26） …………………………… 148
中共中央办公厅、国务院办公厅关于推进基本养老服务
　体系建设的意见（2023.5） …………………………………… 155

附录二　典型案例

最高人民法院发布老年人权益保护十大典型案例……………… 162
最高人民法院发布老年人权益保护第二批典型案例…………… 174
最高人民法院发布老年人权益保护第三批典型案例…………… 180

《中华人民共和国老年人权益保障法》适用提要

《中华人民共和国老年人权益保障法》(以下简称《老年人权益保障法》)*自1996年颁布施行以来,在保障老年人合法权益,促进老龄事业发展,弘扬中华民族敬老、养老、助老美德等方面发挥了重要作用。随着我国经济社会的发展、人口和家庭结构的变化,老年人权益保障出现了一些新情况、新问题。

为此,《老年人权益保障法》先后于2009年8月27日第一次修正,于2012年12月28日修订,于2015年4月24日第二次修正,于2018年12月29日第三次修正。现行《老年人权益保障法》共9章、85条。现将需要注意的内容总结如下:

一、关于总则

第一章"总则",应重点注意以下几项内容:一是老年人享有的基本权利,主要是从国家和社会获得物质帮助,享受社会服务和社会优待,参与社会发展和共享发展成果等权利,这些权利大都体现了老年人的特殊要求。二是积极应对人口老龄化是国家的一项长期战略任务。这明确了应对人口老龄化的战略定位,对我国在"未富先老"的特殊国情条件下实现经济社会可持续发展具有重要意义。三是从经费保障、规划制定和老龄工作机构职责三个层

---

* 为方便阅读,本书中的法律法规名称均使用简称。

面明确政府发展老龄事业,做好老年人权益保障工作的职责。四是强化老龄宣传教育,以进一步增强全社会老龄意识,营造敬老、养老、助老的良好氛围。五是有关老龄科研和老龄调查统计制度的规定。六是对参与社会发展做出突出贡献的老年人给予表彰奖励,以鼓励老年人继续为国家建设做贡献。七是规定每年农历九月初九(重阳节)为老年节。

值得一提的是,本法第5条第2款确立了我国社会养老服务体系的框架,即"以居家为基础、社区为依托、机构为支撑"。

二、关于家庭赡养与扶养

第二章"家庭赡养与扶养",应重点注意以下几项内容:一是对家庭养老作了定位。即"老年人养老以居家为基础"。二是明确了赡养人对患病和失能老年人给予医疗和照料的义务。三是针对现实中老年人住房等财产权益易受侵害以及老年人再婚配偶法定继承权难以保障等问题,明确对老年人财产权益的保护。四是针对老年人精神赡养需求增多的实际,充实了精神慰藉的规定。五是为保障失能失智老年人的人身财产权益,创设了老年人监护制度。六是有关组织应当对不履行义务的赡养人和扶养人予以督促。七是原则规定了国家建立健全家庭养老支持政策,以在新形势下巩固家庭养老的基础性地位。此外,本章还规定禁止对老年人实施家庭暴力等内容。

三、关于社会保障

第三章"社会保障",规定要建立多层次的养老和医疗保险体系,逐步提高保障水平。在护理保障方面,为解决失能老年人长期护理的经费问题,规定国家逐步建立长期护理保障制度,鼓励、引导商业保险公司开展长期护理保险业务,对生活长期不能自理、经济困难的老年人,地方政府应视情况给予护理补贴。在社会救助方面,规定对经济困难的老年人,应当给予生活、医疗、居住等多方面的救助和照顾,还对流浪乞讨、遭受遗弃等生活无着的老年人的救助作了专门规定。在社会福利方面，规定国家建立和完善老年人福利制度，并吸收地方的实际做法，规定了高龄津贴制度。此外，关于养老待遇保障的内容，还应注意发展老龄慈善事业以及遗赠扶养协议的规定。

四、关于社会服务

第四章"社会服务"，主要内容具体如下：一是总结实践经验，对居家养老服务、社区养老服务作了原则性规定。二是明确了政府支持养老服务事业发展的责任，即规定各级政府应当逐步增加对养老服务的投入，并在财政、税费、土地、融资等方面采取措施，鼓励、扶持社会力量兴办养老服务设施；针对养老服务设施建设"用地难"的突出问题，本章从城乡规划预留用地、土地取得方式及用途管制三个层次对养老服务设施用地作了特别规定；强调政府兴办的养老机构应当优先保障经济困难的孤寡、失能、高龄等老年人的服务需求；要求国务院有关部门制定相关标准，建立健全养老机构分类管理和养老服务评估制度。三是规定了养老机构设立条件、依法办理相应的登记，以及地方各级人民政府建立养老机构综合监管制度及监督检查措施等。四是加强养老服务队伍建设，主要规定了养老服务人才培养、使用、评价和激励制度。五是加强养老机构运营中的纠纷处理和风险防范，规定了签订养老服务协议和支持养老机构投保意外责任保险等内容。六是完善医疗卫生服务，规定各级政府和有关部门应当把老年人医疗卫生服务纳入城乡医疗卫生服务规划，鼓励支持医疗机构开设老年病专科或门诊，保障老年人享受基本公共卫生服务，并规定加强老年医学研究和健康教育。

五、关于社会优待

第五章"社会优待"，明确了有关老年人优待的内容：一是规定县级以上政府及其有关部门应当根据情况制定优待老年人的办法，逐步提高优待水平；确立了对常住在本行政区域内的外埠老年人实行同等优待的原则,倡导全社会优待老年人。二是丰富了有关司法救助、法律援助、医疗服务、参观游览、乘坐公共交通工具等方面对老年人给予优待和照顾的内容。三是规定各级人民政府和有关部门为老年人及时、便利地领取养老金,结算医疗费等方面提供优待,在办理涉及老年人重大人身财产权益事项时提供优待等。

六、关于宜居环境

第六章"宜居环境",主要对国家推进老年宜居环境建设作了原则性规定,以便为制定相关配套法律法规和政策提供依据。一是明确国家责任,概括规定了老年宜居环境建设的总体要求,即为老年人日常生活和参与社会活动提供安全、便利、舒适的环境。二是规定了政府加强老年宜居环境建设的主要任务:在制定城乡规划时,要适应老龄化发展需要,统筹考虑适宜老年人生活的各类设施建设;建立和完善有关涉老工程建设标准体系,在规划、设计、施工、监理、验收、运行、维护、管理等环节加强相关标准的实施与监督;加强老年宜居环境建设的宣传教育、科学研究和人才培养。三是在具体环境建设上,重点规定了无障碍环境建设,这主要是考虑老年人随着年龄增长所面临的失能或者残疾的风险会逐步升高,无障碍是老年宜居环境的一项基本要求。

七、关于参与社会发展

第七章"参与社会发展",明确了老年人可以依法设立自己的组织并开展活动的内容,并规定在制定涉及老年人权益的法律法规和政策时,应当听取老年人及老年人组织的意见。本章还对老年人劳动保护以及发展老年教育作了进一步规定。

八、关于法律责任

第八章"法律责任",根据上述各章的内容,规定了有关法律责任。主要包括:一是养老机构及其工作人员侵害老年人权益以及政府行政管理部门失职渎职的法律责任;二是违反优待义务的法律责任;三是违反涉老工程建设标准和不履行无障碍设施维护管理职责的法律责任。此外,本章根据《人民调解法》《行政处罚法》《治安管理处罚法》《刑法》等有关法律的规定,对家庭成员纠纷处理,干涉老年人婚姻自由,侮辱、诽谤、虐待、遗弃老年人的法律责任作了规定。

中华人民共和国老年人权益保障法

(1996年8月29日第八届全国人民代表大会常务委员会第二十一次会议通过 根据2009年8月27日第十一届全国人民代表大会常务委员会第十次会议《关于修改部分法律的决定》第一次修正 2012年12月28日第十一届全国人民代表大会常务委员会第三十次会议修订 根据2015年4月24日第十二届全国人民代表大会常务委员会第十四次会议《关于修改〈中华人民共和国电力法〉等六部法律的决定》第二次修正 根据2018年12月29日第十三届全国人民代表大会常务委员会第七次会议《关于修改〈中华人民共和国劳动法〉等七部法律的决定》第三次修正)

第一章 总 则

第一条 【立法目的与依据】[①]为了保障老年人合法权益,发展老龄事业,弘扬中华民族敬老、养老、助老的美德,根据宪法,制定本法。

---

① 条文主旨为编者所加,下同。

条文注释

本条是关于立法目的的规定,并指明了本法的立法依据。

《老年人权益保障法》的立法目的:(1)保障老年人合法权益。保障老年人的合法权益是制定本法的首要目的。老年人是社会生活中的一个特殊群体,基于其生理和心理上的特殊性,需要国家和社会予以特别的关爱和保护。(2)发展老龄事业。新中国成立以来,我国颁布并实施了一系列维护老年人合法权益的法律和政策,初步建立起养老、医疗、社会救助等社会保障制度。但从当前实际情况看,人口老龄化仍是国家面临的严峻社会形势,国家急需发展老龄事业以维护并保障老年人的合法权益。(3)弘扬中华民族敬老、养老、助老的美德。法律与道德相辅相成,道德是法律的重要基础,法律则是道德的重要保证。将敬老、养老、助老等传统美德写入本法,对弘扬中华民族传统文化,保障老年人合法权益具有积极意义。

立法依据方面,《宪法》是国家的根本法,它与《老年人权益保障法》之间是母法和子法的关系。《老年人权益保障法》的制定及实施,必须充分体现《宪法》的基本精神,不得背离《宪法》的原则。因此,如条文所示,本法根据《宪法》制定。

关联法规

《宪法》第45条第1款

第二条 【适用范围】本法所称老年人是指六十周岁以上的公民。

条文注释

本条是关于本法适用范围的规定,即老年人的界定的规定,本法以生理年龄作为界定老年人的标准。

根据本条规定,凡是60周岁以上的中国公民即为本法所指称的老年人。根据《宪法》的规定,只有具有中华人民共和国国籍的人才是我国公民,因此本法所保障的老年人不包括60周岁以上的在中国领域的外国人、无国籍人。

应当说明的是,随着社会的变化发展,对老年人的界定标准将来可能会有所调整。比如,随着人均寿命的提高、老年人体质的改善、退休年龄的延长等,未来可能将老年人的年龄标准提高。

第三条 【基本原则】国家保障老年人依法享有的权益。

老年人有从国家和社会获得物质帮助的权利,有享受社会服务和社会优待的权利,有参与社会发展和共享发展成果的权利。

禁止歧视、侮辱、虐待或者遗弃老年人。

条文注释

本条是关于国家保障老年人合法权益的基本原则的规定。

老年人作为一个特殊群体,由于其生理和心理的特点,在现实生活中其合法权益容易受到不法侵害,应给予特殊保护。依照本条第1款的规定,保障老年人依法享有的权益是国家的法定义务和责任。本法并未明确区分权利和权益,但需明确的是老年人依法享有的权益既包括由法律明文规定的权利,也包括各种依法应受保护的利益。

第2款根据老年人的特殊需求和特殊情况,集中规定了四项老年人依法享有的,国家有义务保障的基本权利:(1)获得物质帮助的权利。《宪法》第45条第1款规定,中华人民共和国公民在年老、疾病或者丧失劳动能力的情况下,有从国家和社会获得物质帮助的权利。国家发展为公民享受这些权利所需要的社会保险、社会救济和医疗卫生事业。物质帮助权是公民在年老、疾病或者丧失劳动能力的情况下,向国家和社会要求给予物质性帮助的权利,是基于生存权而享有的一项权利。老年人因年老或者失能当然享有该项权利,以维持并保障其基本的生活需要。(2)享受社会服务的权利。即老年人为满足基本生活、日常照顾服务、医疗保健等方面的基本需要而享有的从国家或者社会组织获得各种相关服务的权利,如养老机构提供的养老服务。(3)享受社会优待的权利。尊老敬老是中华民族的传统美德,国家和社会不仅要尊重老年人,还应该在社会生活中给予老年人各方面的优待。(4)参与社会发展和共享发展成果的权利。让老年人参与社会发展有助于发挥老年人的才智、特长和余热,使其力所能及地为社会进步多做贡献。

第3款明确规定,禁止歧视、侮辱、虐待或者遗弃老年人。其中,虐待老年人是指用打骂、冻饿、有病不给治疗等方法摧残、折磨老年人,使其在肉体上、精神上遭受痛苦的行为。遗弃老年人则是指对年老、患病或者没有独立生活能力的老年人,负有赡养、扶养义务而拒绝赡养、扶养,情节恶劣的行为。歧视、侮辱、虐待或者遗弃老年人均有悖我国尊老敬老的传统美德,侵害了老年人的合法权益。

关联法规

《宪法》第45条第1款
《民法典》第1042条第3款

第四条 【总体目标】 积极应对人口老龄化是国家的一项长期战略任务。

国家和社会应当采取措施,健全保障老年人权益的各项制度,逐步改善保障老年人生活、健康、安全以及参与社会发展的条件,实现老有所养、老有所医、老有所为、老有所学、老有所乐。

条文注释

本条是关于积极应对人口老龄化的总体目标的规定。

积极应对人口老龄化作为我国的一项长期战略任务,通过本法上升为国家意志。人口老龄化是指老年人在总人口中所占比例不断提高,而少儿和青年所占比例相对减少的动态过程。按照国际通行标准,一个国家或地区中,65岁以上人口比例超过7%,或者60岁以上人口比例超过10%,即成为老年型国家或者老龄化社会。

民政部、全国老龄办共同发布的《2023年度国家老龄事业发展

《公报》显示,截至2023年末,全国60周岁及以上老年人口29697万人,占总人口的21.1%;全国65周岁及以上老年人口21676万人,占总人口的15.4%。全国65周岁及以上老年人口抚养比22.5%。

如果按照国际标准,我国早已成为老年型国家。与其他国家相比,我国人口老龄化还具有以下六个主要特征:一是老年人口规模大;二是老龄化势头猛;三是发展不平衡;四是困难老人多;五是老龄化与少子化和家庭小型化相伴随;六是未富先老。

针对我国的老龄化国情,本条第1款规定了积极应对人口老龄化是国家的一项长期战略任务。即从法律上明确了应对人口老龄化的战略定位,对于国家从战略层面谋划和推进老龄工作具有重要意义。

"老有所养、老有所医、老有所为、老有所学、老有所乐"是我国老龄事业发展的总体目标,为在老龄化社会的背景下实现这一目标,本条第2款原则上规定国家和社会应当采取措施,健全保障老年人权益的各项制度,逐步改善保障老年人生活、健康、安全以及参与社会发展的条件。

第五条　【社会保障】国家建立多层次的社会保障体系,逐步提高对老年人的保障水平。

国家建立和完善以居家为基础、社区为依托、机构为支撑的社会养老服务体系。

倡导全社会优待老年人。

条文注释

本条是关于老年人社会保障及社会服务体系的规定。

第1款规定了国家对老年人的社会保障。社会保障是保障人民生活,调节社会分配的一项重要制度。国家有义务通过社会保障制度建设,为社会成员提供一系列基本生活保障,以免除年老、疾病、失业及丧失劳动力所带来的生活困扰。截至目前,我国就有关老年人的社会保障主要包括以下三个方面:(1)社会保险。社会保险的主要项目有养老保险、医疗保险、失业保险、工伤保险、生育保险等,其中与老年人关系最密切的是养老保险和医疗保险。(2)社会救助。社会救助制度是指国家和其他社会主体为遭受灾害、失去劳动能力或者其他低收入的公民给予物质帮助,以维持其基本生活需要的社会制度。目前我国建立的社会救助制度主要有城乡最低生活保障、城市"三无"人员和农村五保供养制度、流浪乞讨人员救助制度等。(3)社会福利。社会福利是一种服务政策和服务措施,其目的在于提高社会成员的物质和精神生活水平,使之得到更多的生活享受。同时社会福利也是一种职责,是在社会保障制度的基础上,进一步提高社会成员生活水平的制度。

第2款是关于我国社会养老服务体系的规定,即以居家为基础、社区为依托、机构为支撑。强调社会养老服务体系以居家为基础,是指大多数老年人不离开家庭享受赡养照料等养老服务。社区养老服务则是居家养老服务的重要支撑,具有社区日间照料和居家养老支持两类功能,主要为日间暂时无人照顾的社区老年人提供服务。"机构为支撑"的机构主要指的是养老服务机构,包括老年养护机构和其他类型的养老机构。

第3款规定,倡导全社会优待老年人。此规定为老年人合法权益保障工作奠定了坚实的群众基础。

关联法规

《社会保险法》第2章
《国务院办公厅关于推动个人养老金发展的意见》
《居家和社区医养结合服务指南(试行)》
《关于加快发展农村养老服务的指导意见》

第六条　【老龄事业发展规划】各级人民政府应当将老龄事业纳入国民经济和社会发展规划,将老龄事业经费列入财政预算,建立稳定的经费保障机制,并鼓励社会各方面投入,使老龄事业与经济、社会协调发展。

国务院制定国家老龄事业发展规划。县级以上地方人民政府根据国家老龄事业发展规划,制定本行政区域的老龄事业发展规划和年度计划。

县级以上人民政府负责老龄工作的机构,负责组织、协调、指导、督促有关部门做好老年人权益保障工作。

条文注释

本条是关于老龄事业发展规划的规定。

制定老龄事业发展规划并纳入国民经济和社会发展规划,是国务院和地方各级人民政府的一项法定义务。老龄事业发展规划是老龄事业发展的总体纲要,是对老龄事业发展具有战略意义的指导性文件。国民经济和社会发展规划,是指全国或者某一地区经济、社会发展的总体纲要,是具有战略意义的指导性文件。

在我国,制定老龄事业发展规划在法律上是直接以《老年人权益保障法》的规定作为依据的。通过行政规划促进老龄事业的发展,保障老年人权益,改善老年人生活以及提高老年人在社会中的地位是我国政府的重要责任和义务。国务院作为最高国家行政机关,制定国家老龄事业发展规划,是职责所在,而将老龄事业发展规划纳入年度国民经济和社会发展规划体现了我国对保障老年人权益的重视,也进一步为老龄事业发展提供更为具体的规划指导。至于县级以上地方人民政府,其有义务根据国务院制定的国家老龄事业发展规划,制定本行政区域的老龄事业发展规划和年度计划。

另外,为保障老龄事业发展及规划实施,《老年人权益保障法》还明确要求各地方人民政府将老龄事业经费列入财政预算,建立稳定的经费保障机制,并鼓励社会各方面参与,使老龄事业与经济、社会协调发展。

关联法规

《国务院关于印发"十四五"国家老龄事业发展和养老服务体系规划的通知》

第七条 【社会责任】保障老年人合法权益是全社会的共同责任。

国家机关、社会团体、企业事业单位和其他组织应当按照各自职责,做好老年人权益保障工作。

基层群众性自治组织和依法设立的老年人组织应当反映老年人的要求,维护老年人合法权益,为老年人服务。

提倡、鼓励义务为老年人服务。

条文注释

本条是关于保障老年人合法权益是全社会共同责任的规定。

我国老龄人口规模大,按国际标准已经进入老龄化社会。除此之外,我国的人口老龄化还呈现出老龄化势头猛、发展不平衡、困难老人多、老龄化与少子化和家庭小型化相伴随、未富先老等特点。因此,我国保障老年人合法权益工作难度大,情况复杂,是一项非常艰巨的系统工程,需要全社会共同承担、共同参与。老年人问题已经不仅仅是子女、家庭的问题,还是全社会的共同问题。

随着国家人口结构变化、老龄化进程加快,老年人权益保障问题已经成为全社会共同关注的问题。只有全社会共同积极行动起来,老年人的合法权益保障工作才能真正推动起来。为此,国家机关、社会团体、企业事业单位和其他组织应当按照各自职责,做好老年人权益保障工作。基层群众性自治组织和依法设立的老年人组织应当反映老年人的要求,维护老年人合法权益,为老年人服务。

为维护老年人合法权益,改善老年人生活,本条第 4 款明文规定,提倡、鼓励义务为老年人服务。"义务为老年人服务",是指开展针对老年人的志愿服务。志愿服务是指个人贡献自己的时间和精力,不计报酬,为社会提供服务。针对老年人的志愿服务,既是尊老敬老助老的具体体现,也弘扬了"奉献、友爱、互助、进步"的志愿服务精神。

第八条 【老龄化国情教育】国家进行人口老龄化国情教育,增强全社会积极应对人口老龄化意识。

全社会应当广泛开展敬老、养老、助老宣传教育活动,树立尊重、关心、帮助老年人的社会风尚。

青少年组织、学校和幼儿园应当对青少年和儿童进行敬老、养老、助老的道德教育和维护老年人合法权益的法制教育。

广播、电影、电视、报刊、网络等应当反映老年人的生活,开展维护老年人合法权益的宣传,为老年人服务。

条文注释

本条是关于人口老龄化国情教育的规定。

人口老龄化已经是我国的基本国情,国家进行人口老龄化国情教育,有助于增强全社会积极应对人口老龄化的意识,增强应对老龄化和老龄社会挑战的紧迫性和自觉性。当前开展老龄化国情教育有两个重点:一是充分认识人口老龄化的紧迫性,从而动员全社会共同应对;二是充分认识到人口老龄化不仅是挑战,也是机遇,应有积极应对老龄化的观念。

根据本条规定,做好老龄化国情教育应把握好以下三方面:(1)在全社会范围内广泛开展敬老、养老、助老宣传教育活动,树立尊重、关心、帮助老年人的社会风尚。(2)青少年和儿童是敬老、养老、助老宣传教育的重点对象,青少年组织、学校和幼儿园应当对青少年和儿童做好敬老、养老、助老的道德教育和维护老年人合法权益的法制教育。(3)广播、电影、电视、报刊、网络等是老龄化宣传教育的主要渠道和重要媒介。这些宣传媒介应当开展维护老年人合法权益的宣传,为老年人服务。

第九条 【社会研究】国家支持老龄科学研究,建立老年人状况统计调查和发布制度。

关联法规

《2023年度国家老龄事业发展公报》

第十条 【奖励】各级人民政府和有关部门对维护老年人合法权益和敬老、养老、助老成绩显著的组织、家庭或者个人,对参与社会发展做出突出贡献的老年人,按照国家有关规定给予表彰或者奖励。

条文注释

本条是关于奖励的规定。

各级人民政府和有关部门对在保障老年人合法权益工作中做出突出贡献的组织和个人给予奖励是本法确立的一项重要制度。

奖励,一般是指各级人民政府和有关部门为了表彰先进、激励后进、充分调动人们的积极性和创造性,依照法定条件和程序,对为国家和社会做出突出贡献或模范地遵纪守法的组织、个人给予物质或精神奖励的一种具体行政行为。奖励的形式多种多样,主要有以下三种形式:(1)赋予精神方面的权益,即给予受奖人某种荣誉,如授予称号,通报表扬,通令嘉奖,记功,发给奖状、荣誉证书、奖章等。(2)赋予物质方面的权益,即发给奖金或各种奖品。(3)赋予职权方面的权益,即对受奖人予以晋级或晋职。表彰主要是精神鼓励。奖励既可以是精神奖励,也可以是物质奖励;以精神奖励为主,以物质奖励为辅。

值得一提的是,为鼓励老年人参与社会发展,发挥余热,本条还规定了各级人民政府和有关部门对参与社会发展做出突出贡献的老年人,应按照国家有关规定给予表彰或者奖励。

第十一条 【老年人的义务】老年人应当遵纪守法,履行法律规定的义务。

第十二条　【法定节日】每年农历九月初九为老年节。

条文注释

本条是关于老年节的规定。

每年农历九月初九是我国的传统节日——重阳节。"九"在古数中既为"阳数",又为"极数",指天之高为"九重",指地之极为"九泉"。九月初九,日月皆逢九,故曰"重九",两个阳数合在一起,故称"重阳"。九九重阳,因"九九"与"久久"同音,也有长久、长寿之意。因此,自古以来,中国人对重阳节怀有特殊的感情,将重阳节法定为老年节,符合我国的传统,具有深厚的文化和民意基础。

第二章　家庭赡养与扶养

第十三条　【养老基础】老年人养老以居家为基础,家庭成员应当尊重、关心和照料老年人。

条文注释

本条是关于居家养老的一般规定。

居家养老,又称居家养老服务,是指以家庭为核心、以社区为依托、以专业化服务为依靠,为居住在家的老年人提供以解决日常生活困难为主要内容的社会化服务。因此,本法所指称的居家养老不同于传统的家庭养老。传统的家庭养老,是以子女赡养为主,即子女在老年人生活中担负主要责任。居家养老也不同于社会养老。社会养老又称机构养老,即老年人集中在专门的养老机构的养老模式。

居家养老作为一种新的养老模式,吸收了传统家庭养老和社会养老的优势,在立足家庭的基础上也强调社会服务进家庭。居家养老有助于为老年人提供情感交流、精神慰藉和照料服务,符合绝大多数老年人的意愿,也是世界各国通行的主要养老方式。基于此,本条规定了老年人养老以居家为基础,并强调了家庭成员应当尊重、关心和照料老年人。

关联法规

《居家养老上门服务基本规范》

> **第十四条 【赡养人义务】**赡养人应当履行对老年人经济上供养、生活上照料和精神上慰藉的义务,照顾老年人的特殊需要。
>
> 赡养人是指老年人的子女以及其他依法负有赡养义务的人。
>
> 赡养人的配偶应当协助赡养人履行赡养义务。

条文注释

本条是关于赡养义务的一般规定。

赡养人是指老年人的子女以及其他依法负有赡养义务的人。根据《民法典》第26条第2款的规定,成年子女对父母负有赡养、扶助和保护的义务。赡养、扶助和保护是指子女在物质上为父母提供必要的生活条件,生活上予以关心、照料,保护父母的人身、财产权益不受侵害;一切有经济能力的子女,对丧失劳动能力、无法维持生活的父母,都应予以赡养。并且,这里负有赡养义务的子女不仅包括婚生子女,还包括非婚生子女、养子女和受继父母抚养教育的继子女。

至于其他依法负有赡养义务的赡养人则主要指的是孙子女和外孙子女。需注意的是,孙子女、外孙子女只有在特定条件下才负有赡养老年人的义务。这些特定条件主要有:(1)赡养人的子女死亡或无赡养能力;(2)赡养人确实有困难需要赡养;(3)承担赡养义务的人有一定赡养能力,即孙子女、外孙子女只有在自身具备负担赡养的能力时才承担赡养义务。

根据本条规定,赡养人对老年人的赡养不但包括经济上供养、生活上照料的义务,还包括精神上慰藉、照顾老年人的特殊需要等义务。

此外,本条第3款规定赡养人的配偶有义务协助赡养人履行赡养义务。合法婚姻中的男女双方互为配偶。赡养人要履行好对老年父母经济上供养、生活上照料、精神上慰藉的义务,往往需要配偶的同意、支持和协助。

关联法规

《民法典》第26条第2款、第1067条第2款、第1074条第2款

《最高人民法院关于适用〈中华人民共和国民法典〉继承编的解释(一)》第19条

第十五条 【对患病、经济困难、生活不能自理的老年人的赡养】 赡养人应当使患病的老年人及时得到治疗和护理;对经济困难的老年人,应当提供医疗费用。

对生活不能自理的老年人,赡养人应当承担照料责任;不能亲自照料的,可以按照老年人的意愿委托他人或者养老机构等照料。

条文注释

本条是关于老年人医疗护理和照料的规定。

老年人因年老引发的生理、心理上的弱化,身体状况一般难以和青中年时期相比,容易罹患各种疾病。故赡养人在赡养时应注意老年人的身体健康情况,如有不适,应及时就医,积极给予治疗。在老年人治疗过程中,无论是住院治疗还是居家治疗,赡养人都应当为老年人提供护理。如果老年人经济困难,无力负担医疗费用,赡养人应当提供医疗费用。

至于生活不能自理的老年人,本法规定了赡养人的两种照料方式:一种是赡养人亲自照料,即赡养人基于赡养义务,应承担老年人的长期照料和护理工作。另一种是委托他人照料,即赡养人因各种原因不能亲自照料生活不能自理的老年人,本法允许赡养人委托他人或养老机构等代为照料老年人。需注意的是,委托他人或者养老机构照料必须尊重老年人的意愿。此外,赡养人对老年人经济供

养、生活照料和精神慰藉等义务不因为他人照料而免除。赡养人仍应当经常看望、问候老年人。

第十六条 【老年人的住房保障】赡养人应当妥善安排老年人的住房,不得强迫老年人居住或者迁居条件低劣的房屋。

老年人自有的或者承租的住房,子女或者其他亲属不得侵占,不得擅自改变产权关系或者租赁关系。

老年人自有的住房,赡养人有维修的义务。

条文注释

本条是关于老年人住房保障的规定。

住房是老年人安度晚年的最基本需求之一,也是老年人重要的合法财产权益之一。本条第1款规定,赡养人应当妥善安排老年人的住房,不得强迫老年人居住或者迁居条件低劣的房屋。

第2款是关于不得侵占老年人住房的规定。老年人对自己所有的住房享有所有权,可依法占有、使用、收益、处分,包括子女或其他亲属在内的他人均不得侵犯。老年人对以自己名义承租的住房,享有租赁权。子女或者其他亲属未经老年人同意不得擅自变更租赁或退租,也不得强行侵占。

第3款规定赡养人对老年人自有的住房有维修义务。在住房急需维修和改建时,赡养人有义务筹集资金、组织力量为老年人自有住房提供维修和养护,以保障老年人的居住安全。

第十七条 【老年人承包的田地及其林木、牲畜的收益】赡养人有义务耕种或者委托他人耕种老年人承包的田地,照管或者委托他人照管老年人的林木和牲畜等,收益归老年人所有。

条文注释

本条是关于老年人承包的田地及其林木、牲畜的收益的规定。

农村老年人口占全国老年人口的大多数,是中国老年人的主体。考虑到农村养老面临的城市化、家庭结构小型化、人口价值观念变化等挑战,以及这些社会变化引发的农村劳动力外出打工,农村"空巢"化现象,本法对农村养老涉及的田地耕种、林木、牲畜照料作出了特别规定。

在我国,当前农村施行土地承包责任制,农村老年人一般有自己承包的田地、林地以及相应的牲畜、农具等生产、生活资料。这些生产、生活资料为老年人的生活与养老提供了必要的物质保障。但农村老年人因年老体弱,多数无力自行照料田产、林地,以至于生活难以自行保障。针对这一现实情况,本条特别规定赡养人有义务耕种或者委托他人耕种老年人承包的田地,照管或者委托他人照管老年人的林木和牲畜等,且收益均归老年人所有。

第十八条 【关怀老年人的精神需求】家庭成员应当关心老年人的精神需求,不得忽视、冷落老年人。

与老年人分开居住的家庭成员,应当经常看望或者问候老年人。

用人单位应当按照国家有关规定保障赡养人探亲休假的权利。

条文注释

本条是关于关怀老年人精神需求的规定。

物质需求的满足代替不了精神的充实和愉悦。老年人从子女那里最想得到的往往不是金钱、物质,而是亲情。家庭的温暖和精神的慰藉是老年人强烈的期盼和重要的精神支柱。在满足老年人精神需求方面,家庭成员的抚慰最为有效,也是老年人最渴求的。因此,本条第 1 款明确要求家庭成员有义务关心老年人的精神需求,不得忽视、冷落老年人。

本条第 2 款是关于"常回家看看"的条款,即明确规定与老年人分开居住的家庭成员应经常看望或问候老年人。

为了支持家庭成员履行好对老年人的精神慰藉义务,第 3 款要求用人单位应按照国家有关规定保障赡养人探亲休假的权利。目前,我国关于探亲休假的规定主要有《国务院关于职工探亲待遇的规定》《职工带薪年休假条例》等。

<u>关联法规</u>

《国务院关于职工探亲待遇的规定》

《职工带薪年休假条例》第 2 条、第 3 条

第十九条 【赡养义务的强制性】赡养人不得以放弃继承权或者其他理由,拒绝履行赡养义务。

赡养人不履行赡养义务,老年人有要求赡养人付给赡养费等权利。

赡养人不得要求老年人承担力不能及的劳动。

<u>条文注释</u>

本条是关于赡养人的赡养义务不得放弃的规定。

赡养义务是赡养人应当履行的一项法定义务。我国《民法典》规定,成年子女对父母负有赡养、扶助和保护的义务。成年子女对父母的赡养义务,不因父母的婚姻关系变化而终止。赡养人也不得以放弃继承权或者其他理由,拒绝履行赡养义务。

在赡养人不履行赡养义务时,无劳动能力或生活困难的老年人,有要求赡养人付给赡养费的权利。赡养费一般是指子女在经济上为父母提供必需的生活费用,即子女承担一定的经济责任,为父母提供必要的经济帮助,给予物质上的帮助。赡养人不履行给付赡养费义务的,老年人可以要求有关主管部门处理,也可以依法申请调解或向人民法院起诉。人民法院在处理赡养纠纷时,应当坚持维护老年人合法权益的原则,对有赡养义务而拒绝赡养,也不给付赡养费,情节恶劣构成遗弃罪的赡养人,应当判处其承担刑事责任。

本条第 3 款是关于不得要求老年人承担力不能及的劳动的规定。这一规定是根据老年人身心特点作出的一项有利于老年人劳动保护的规定,即老年人不承担劳动强度过大的劳动,尤其是体力劳动。

关联法规

《民法典》第1067条第2款

《最高人民法院关于适用〈中华人民共和国民法典〉继承编的解释（一）》第32条

> **第二十条 【赡养协议】**经老年人同意，赡养人之间可以就履行赡养义务签订协议。赡养协议的内容不得违反法律的规定和老年人的意愿。
>
> 基层群众性自治组织、老年人组织或者赡养人所在单位监督协议的履行。

条文注释

本条是关于赡养人之间签订赡养协议的规定。

根据本条第1款的规定，当老年人有多个赡养人时，法律允许赡养人之间就赡养义务签订协议。赡养协议，是指赡养人之间在平等协商、自愿合法的基础上，就赡养义务的履行签订的民事协议，其内容一般包括赡养义务的具体内容、赡养义务的履行方式、监督机制及纠纷解决方式。根据本法规定，赡养人间的赡养协议必须符合以下法定条件：(1)必须征得被赡养老年人的同意，不得违背其意愿。经老年人同意是签订赡养协议的必经程序，未经老年人同意的赡养协议不具有法律效力。(2)赡养协议的内容不得违反法律的规定。签订赡养协议要经老年人同意，赡养协议的内容不得违反老年人的意愿。除此之外，赡养协议的内容也不得违反法律的规定。

本条第2款规定了基层群众性自治组织、老年人组织或者赡养人所在单位有权对赡养协议的履行进行监督。其中，基层群众性自治组织一般是指居民委员会和村民委员会。

关联法规

《最高人民法院关于适用〈中华人民共和国民法典〉继承编的解释（一）》第3条、第40条

> **第二十一条 【老年人的婚姻自由】**老年人的婚姻自由受法律保护。子女或者其他亲属不得干涉老年人离婚、再婚及婚后的生活。
>
> 赡养人的赡养义务不因老年人的婚姻关系变化而消除。

条文注释

本条是关于老年人婚姻自由的规定。

婚姻自由,是指男女双方有权按照法律的规定,基于本人的意志,自主自愿地决定自己的婚姻问题,无论结婚、离婚都不受他人的干涉和强制。我国法律明确反对包办、买卖婚姻以及暴力干涉他人婚姻自由的行为。

婚姻自由,作为我国婚姻制度中的重要内容,当然也包括老年人的婚姻自由,特别是再婚自由。考虑到现实中,老年人再婚往往受到子女、社会的多重阻碍。因此,《民法典》明确规定,子女应当尊重父母的婚姻权利,不得干涉父母离婚、再婚以及婚后的生活。子女对父母的赡养义务,不因父母的婚姻关系变化而终止。子女应当尊重父母的婚姻权利,包括离婚和再婚的自主权利。暴力干涉老年人婚姻和拒绝赡养老人,情节严重的,需要承担刑事责任。

关联法规

《民法典》第1042条第1款、第1046条、第1069条

《刑法》第257条

> **第二十二条 【老年人的财产权益】**老年人对个人的财产,依法享有占有、使用、收益和处分的权利,子女或者其他亲属不得干涉,不得以窃取、骗取、强行索取等方式侵犯老年人的财产权益。
>
> 老年人有依法继承父母、配偶、子女或者其他亲属遗产的权利,有接受赠与的权利。子女或者其他亲属不得侵占、抢夺、

> 转移、隐匿或者损毁应当由老年人继承或者接受赠与的财产。
>
> 老年人以遗嘱处分财产,应当依法为老年配偶保留必要的份额。

条文注释

本条是关于老年人财产权益保护的规定。

老年人对其个人财产当然享有所有权。根据《民法典》的相关规定,所有权是指所有权人对自己的不动产或者动产,依法享有占有、使用、收益和处分的权利。老年人对其个人财产享有所有权,任何人都无权干涉、无权侵犯。本条第1款亦明确规定子女或者其他亲属不得干涉老年人对其个人财产行使权利,也不得以窃取、骗取、强行索取等方式侵犯老年人的财产权益。

本条第2款是关于老年人继承权的规定。根据《民法典》的相关规定,夫妻有相互继承遗产的权利。父母和子女有相互继承遗产的权利。配偶、子女、父母同属第一顺序继承人,即配偶、子女、父母的继承权是平等的。

老年人继承配偶的遗产是基于夫妻相互之间的继承权,而该继承权的产生是基于合法的婚姻关系。因此,只有具备合法婚姻关系的夫妻双方,才能以配偶身份继承对方的遗产。接受继承一方有权处分所继承的财产,任何人不得干涉。

老年人继承父母或子女的遗产是基于父母与子女之间的相互继承权,即子女可以继承其父母的遗产,父母可以继承其子女的遗产。享有继承权的父母,包括生父母、养父母和有抚养关系的继父母。享有继承权的子女,包括亲生子女、养子女和有抚养关系的继子女,而且不论性别,不论已婚还是未婚,都平等地享有继承权。

此外,老年人也有继承其他亲属遗产的权利,如作为第二顺序继承人,继承兄弟姐妹、祖父母、外祖父母的遗产。老年人作为丧偶儿媳对公、婆或老年人作为丧偶女婿对岳父、岳母,尽了主要赡养义务的,应作为第一顺序继承人。

除继承权外,老年人享有的接受遗赠权也不得侵犯。遗赠,是指被继承人通过遗嘱的方式,将其遗产的一部分或全部赠与国家、社会或者法定继承人以外的人的一种民事法律行为。

本条第3款规定,老年人以遗嘱处分财产,应当依法为老年配偶保留必要的份额。即老年人立遗嘱处分个人财产时应为老年配偶保留特留份。特留份,是法律规定的由特定的法定继承人继承的遗产份额。《民法典》第1141条规定,遗嘱应当为缺乏劳动能力又没有生活来源的继承人保留必要的遗产份额。

关联法规

《民法典》第1061条、第1141条

《最高人民法院关于适用〈中华人民共和国民法典〉继承编的解释(一)》第25条

第二十三条 【扶养义务】老年人与配偶有相互扶养的义务。

由兄、姐扶养的弟、妹成年后,有负担能力的,对年老无赡养人的兄、姐有扶养的义务。

条文注释

本条是关于老年人与配偶以及特定情况下弟、妹对年老兄、姐扶养义务的规定。

扶养是同辈之间的扶助、供养,一般发生在配偶之间、兄弟姐妹之间。

根据本条第2款及《民法典》的相关规定,弟、妹扶养年老兄、姐的条件是:(1)兄、姐缺乏劳动能力又缺乏生活来源;(2)兄、姐没有赡养人,或赡养人没有赡养能力,如兄、姐无配偶、无子女,或配偶、子女均已经死亡或均没有赡养能力;(3)弟、妹由兄、姐扶养长大;(4)弟、妹有负担能力。

关联法规

《民法典》第1059条、第1075条

《最高人民法院关于适用〈中华人民共和国民法典〉继承编的解释（一）》第 13 条

第二十四条　【不履行赡养、扶养义务】赡养人、扶养人不履行赡养、扶养义务的，基层群众性自治组织、老年人组织或者赡养人、扶养人所在单位应当督促其履行。

条文注释

本条是关于赡养人、扶养人不履行赡养、扶养义务，相关组织应当督促其履行的规定。

赡养和扶养是法定义务，赡养人、扶养人应按照法律规定，自觉履行。赡养人、扶养人不依法履行赡养、扶养义务的，基层群众性自治组织、老年人组织或者赡养人、扶养人所在单位应当督促其履行。其中，基层群众性自治组织主要指的是村民委员会和居民委员会，依照本法第 7 条第 3 款的规定，维护老年人合法权益是基层群众性自治组织应当承担的一项公共事务。因此，村民委员会和居民委员会应当依法做好与老年人权益保护相关的工作。赡养人、扶养人所在单位是赡养人、扶养人的工作场所。所在单位与赡养人、扶养人关系密切，对他们有一定的约束管理职能，由其督促赡养人、扶养人履行赡养、扶养义务，往往也能取得比较好的效果。

第二十五条　【禁止家庭暴力】禁止对老年人实施家庭暴力。

条文注释

本条是关于禁止家庭暴力的规定。

家庭暴力，必须是发生在家庭成员之间的暴力行为，而家庭成员主要是指具有亲属关系的人，包括夫妻、父母子女、兄弟姐妹、祖孙、儿媳与公婆、女婿与岳父母等。家庭暴力行为分为两类，即对身体的暴力行为和对精神的暴力行为。家庭暴力不同于虐待，只有持续性、经常性的家庭暴力，才构成虐待。老年人作为弱势群体，在家庭暴力中往往处于受害的一方,家庭暴力对老年人的身体和精神都有极大的伤害。

解决家庭暴力问题是一个系统工程,应由各有关部门通力合作,国家机关与社会团体相互配合,形成全社会的合力。从国家的角度看,为解决家庭暴力问题,需要构建以下三项制度:第一,国家采取措施,预防和制止家庭暴力,这里的措施包括通过立法、制定有关政策等,2015年我国颁布了《反家庭暴力法》;第二,由公安、民政、司法行政等部门在各自职责范围内预防和制止家庭暴力,依法为受害老年人提供救助;第三,由基层群众性自治组织、社会团体依法预防和制止家庭暴力,为受害老年人提供救助。

关联法规

《民法典》第1042条第3款

《刑法》第260条

《反家庭暴力法》

第二十六条 【监护人】具备完全民事行为能力的老年人,可以在近亲属或者其他与自己关系密切、愿意承担监护责任的个人、组织中协商确定自己的监护人。监护人在老年人丧失或者部分丧失民事行为能力时,依法承担监护责任。

老年人未事先确定监护人的,其丧失或者部分丧失民事行为能力时,依照有关法律的规定确定监护人。

条文注释

本条是关于老年人如何确定监护人的规定。

随着年龄增加,老年人在精神上、身体上及智力上都发生着不可逆转的退行性变化,还有许多患病的老年人表达和维护自身权益的能力出现不同程度的欠缺,因此特别需要监护人帮助其实现并维护其权利。

本条第1款规定了老年人可以事先确定监护人,即老年人在神志清醒的时候,允许其为自己选择监护人。老年人选择监护人应满足以下两个条件:(1)确定监护人时,老年人应具备完全民事行为能力;(2)监护人范围为近亲属,其他与自己关系密切、愿意承担监护责任的个人及组织。

本条第2款是关于未事先确定监护人的老年人在丧失民事行为能力时如何确定监护人的规定。根据本款规定,如果老年人未事先确定监护人,在其丧失或部分丧失民事行为能力之后,依照有关法律规定确定监护人。根据《民法典》的相关规定,无民事行为能力或者限制民事行为能力的成年人,由下列有监护能力的人按顺序担任监护人:(1)配偶;(2)父母、子女;(3)其他近亲属;(4)其他愿意担任监护人的个人或者组织,但是须经被监护人住所地的居民委员会、村民委员会或者民政部门同意。

一般情况下,老年人的监护人应承担的职责包括:(1)保护被监护人的身体健康;(2)照顾被监护人的生活;(3)管理和保护被监护人的财产;(4)代理被监护人进行民事活动;(5)在被监护人合法权益受到侵害或者与他人发生争议时,代理其进行诉讼;(6)承担因未履行监护职责致使被监护人实施侵权行为而给他人造成损害的赔偿责任等。

关联法规

《民法典》第28条、第30~39条

第二十七条 【家庭养老支持政策】国家建立健全家庭养老支持政策,鼓励家庭成员与老年人共同生活或者就近居住,为老年人随配偶或者赡养人迁徙提供条件,为家庭成员照料老年人提供帮助。

条文注释

本条是关于国家将建立健全家庭养老支持政策,为居家养老提供政策鼓励和支撑的规定。

老年人养老以居家为基础。在居家养老中,家庭养老仍是一项极其重要的内容,国家加强对家庭养老的支持力度,有助于减轻家庭养老负担，进而为居家养老提供支撑。因此，家庭养老支持政策对居家养老，尤其是家庭养老具有重要意义。家庭养老支持政策，是指对照料老年人的家庭给予扶助和支持的法律法规和政策措施的总和，包括支持家庭养老的免税政策、津贴政策、弹性就业政策等。家庭养老支持政策是家庭发展政策的重要组成部分。加强对家庭养老的支持力度，减轻家庭养老的负担，不仅可以有效缓解社会养老服务体系的压力，而且能够更好地发挥家庭养老的传统，提高老年人的物质和精神生活质量。

第三章　社　会　保　障

第二十八条　【养老保险制度】国家通过基本养老保险制度，保障老年人的基本生活。

条文注释

本条是关于基本养老保险制度的规定。

建立与经济社会发展和人口老龄化水平相适应的养老保障制度，是中国发展老龄事业的重要任务。近年来，我国逐步建立健全政府、社会、家庭和个人相结合的养老保障体系，努力保障老年人的基本生活。

基本养老保险是养老保障制度的关键一环，也是我国当前社会保险的主要险种之一。基本养老保险制度，是指缴费达到法定期限并且个人达到法定退休年龄后，国家和社会提供物质帮助以保证年老者有稳定、可靠的生活来源的社会保险制度。我国的基本养老保险制度由三个部分组成，即职工基本养老保险制度、新型农村社会养老保险制度和城镇居民社会养老保险制度。基本养老保险制度从法律制度层面上实现了"覆盖城乡居民"，基本养老保险制度的目标是"老有所养"。

目前，我国养老保险制度实行的是缴费模式，享受基本养老保险待遇与缴费年限挂钩。享受养老保险待遇必须符合两个条件：一是必须达到法定退休年龄；二是累计缴费满一定年限。

关联法规

《社会保险法》第10～22条

《全国人民代表大会常务委员会关于实施渐进式延迟法定退休年龄的决定》

第二十九条 【医疗保险制度】国家通过基本医疗保险制度，保障老年人的基本医疗需要。享受最低生活保障的老年人和符合条件的低收入家庭中的老年人参加新型农村合作医疗和城镇居民基本医疗保险所需个人缴费部分，由政府给予补贴。

有关部门制定医疗保险办法，应当对老年人给予照顾。

条文注释

本条是关于基本医疗保险制度的规定。

基本医疗保险制度，是指按照国家规定缴纳一定比例的医疗保险费，在参保人患病或受意外伤害就医产生医疗费用后，由医疗保险基金支付其医疗保险待遇的社会保险制度。用人单位和个人缴费，建立医疗保险基金。当参保人员患病就诊产生医疗费用后，由医疗保险经办机构给予其一定的经济补偿，以减轻劳动者因就医带来的经济压力。基本医疗保险制度由三个部分组成，即职工基本医疗保险制度、新型农村合作医疗保险制度和城镇居民基本医疗保险制度。基本医疗保险制度实现了"覆盖城乡居民"，使全体公民实现"病有所医"。

医疗需求是老年人的一项重要需求，因此基本医疗保险制度对保障老年人基本医疗有重要作用。根据《社会保险法》的规定，参加职工基本医疗保险的个人，达到法定退休年龄时累计缴费达到国家规定年限的，退休后不再缴纳基本医疗保险费，按照国家规定享受基本医疗保险待遇；未达到国家规定年限的，可以继续缴费至国家规定的年限。国家目前对最低缴费年限没有统一规定,各地方规定也不同。

关联法规

《社会保险法》第23~32条

> **第三十条 【护理保障工作】**国家逐步开展长期护理保障工作,保障老年人的护理需求。
>
> 对生活长期不能自理、经济困难的老年人,地方各级人民政府应当根据其失能程度等情况给予护理补贴。

条文注释

本条是关于国家将逐步建立健全老年人长期护理保障制度的规定。

对老年人的长期护理保障工作,是指为生活不能自理、需要长期护理的高龄人群提供护理服务和费用补偿等各方面的保障工作。

我国社会老龄化形势要求逐步开展长期护理保障工作。随着我国人口老龄化进程的不断加快,家庭结构小型化、女性出家门就业的情况与人口老龄化、老年慢性病盛行以及重残老年人持续增加的状况构成了矛盾,老年人的长期护理工作已经由过去的家庭责任逐步演变为现实的社会问题。失能老年人剧增、长期护理成本居高不下、长期护理服务供需严重失衡以及老年人因缺少照料导致抑郁、自杀等问题日益凸显,已到了政府和社会必须认真对待并加以解决的时候。

为此,本条第2款明文要求对那些生活长期不能自理、经济困难的老年人,地方各级人民政府应当根据其失能程度等情况给予护理补贴。

> **第三十一条 【老年人救助】**国家对经济困难的老年人给予基本生活、医疗、居住或者其他救助。

> 老年人无劳动能力、无生活来源、无赡养人和扶养人,或者其赡养人和扶养人确无赡养能力或者扶养能力的,由地方各级人民政府依照有关规定给予供养或者救助。
>
> 对流浪乞讨、遭受遗弃等生活无着的老年人,由地方各级人民政府依照有关规定给予救助。

条文注释

本条是关于国家给予老年人必要社会救助的规定。

社会救助,是指国家和其他社会主体对遭受自然灾害、失去劳动能力或者其他低收入公民给予物质或精神帮助,以维持其基本生活需求,保障其最低生活水平的各种措施。社会救助作为社会保障体系的重要组成部分,对经济困难的老年人亦具有重要意义。为此,本条第1款就国家应给予老年人必要社会救助作出了一般规定,即对于经济困难的老年人,国家应给予其基本生活、医疗、居住或其他方面的社会救助。

本条第2款规定了对"三无老人"的社会救助。"三无老人",是指无劳动能力、无生活来源、无法定赡养人或扶养人(或者其赡养人和扶养人确无赡养、扶养能力)的老年人。"三无老人"作为生存能力差的社会群体之一,特别需要依靠国家和社会给予救助或救济。因此,地方各级人民政府应依照有关规定给予供养或者救助。

本条第3款规定了对流浪乞讨、遭受遗弃等生活无着的老年人的社会救助。按照《城市生活无着的流浪乞讨人员救助管理办法》的规定,公安机关和其他有关行政机关的工作人员在执行职务时发现流浪乞讨人员的,应当告知其向救助站求助;对其中的残疾人、老年人和行动不便的其他人员,还应当引导、护送到救助站。救助站对受助的老年人应当给予照顾。此外,受助人员住所地的县级人民政府应当采取措施,帮助受助人员解决生产、生活困难,教育被遗弃老年人的近亲属或者其他监护人履行赡养义务。

关联法规

《城市生活无着的流浪乞讨人员救助管理办法》
《城市生活无着的流浪乞讨人员救助管理办法实施细则》
《民政部、财政部关于组织开展中央财政支持经济困难失能老年人集中照护服务工作的通知》

第三十二条　【住房照顾】地方各级人民政府在实施廉租住房、公共租赁住房等住房保障制度或者进行危旧房屋改造时,应当优先照顾符合条件的老年人。

条文注释

本条是关于各级政府实施住房保障制度时应当优先照顾老年人的规定。

住房保障制度,简单来说,就是在社会发展中,对经济困难的人群实施保障措施,使其有房子住。在当代社会,给予住房保障是一个文明社会的基本目标之一。

在社会主义市场经济条件下,我国有多种住房保障形式。比如,廉租房、公租房、共有产权房、限竞房等。住房保障制度和失业保障、养老保障、医疗保障等制度均是社会保障制度的重要组成部分。

考虑到老年人基本已无收入来源,而住房又是老年人生活基本所需,本条要求地方政府在实施住房保障制度或者进行危旧房屋改造时,应当优先照顾符合条件的老年人。

关联法规

《廉租住房保障办法》第 19 条

第三十三条　【老年人福利】国家建立和完善老年人福利制度,根据经济社会发展水平和老年人的实际需要,增加老年人的社会福利。

国家鼓励地方建立八十周岁以上低收入老年人高龄津贴制度。

> 国家建立和完善计划生育家庭老年人扶助制度。
> 农村可以将未承包的集体所有的部分土地、山林、水面、滩涂等作为养老基地,收益供老年人养老。

条文注释

本条是关于老年人福利制度的规定。

本条第1款是关于国家建立和完善老年人福利制度的规定。社会福利制度分广义和狭义两种,广义的社会福利是指提高广大社会成员生活水平的各种政策和社会服务,旨在解决广大社会成员在各个方面的福利待遇问题。狭义的社会福利则是指对生活能力较弱的儿童、老人、残疾人、慢性精神病人以及贫困家庭等的社会照顾和社会服务。

本条第2款是关于国家鼓励地方建立老年人高龄津贴制度的规定。高龄津贴,是一种兼有社会救助和社会福利性质的社会保障措施。高龄津贴是老年福利的一种,是针对高龄老人(通常是指80周岁以上的老年人)发放的福利,旨在提高高龄老人的生活质量,倡导敬老尊老的社会风气。建立高龄津贴制度,体现了保障高龄老人生活质量的政府责任,有利于维护高龄老人获得物质帮助的权利。此外,建立高龄津贴制度对建立资金保障与服务提供相结合的社会养老服务体系,推动社会福利由补缺型向适度普惠型转变,具有重要意义。

本条第3款是关于国家建立和完善计划生育家庭老年人扶助制度的规定。为计划生育家庭老人提供扶助主要是基于以下考虑:一是当前我国实行居家养老为基础的养老政策,实行计划生育后,一些家庭养老能力弱,国家应当为其提供一定保障。二是目前我国部分地区已经开始实施一些相关的政策,如对农村年满60周岁以上、只生育一个子女或只生育两个女儿的人员发放补贴等。

本条第4款是关于农村养老基地和生活补贴制度的规定。养老基地制度是农村群众自治组织和集体经济组织将一部分未承包的土地、山林、滩涂等,交由专人或者老年人组织经营管理,其收益除支付劳动报酬和必要开销外,全部供老年人养老。养老基地制度作为一项农村实践经验的总结,对贫困地区保障和改善老年人生活具有积极意义。

关联法规

《国务院办公厅关于发展银发经济增进老年人福祉的意见》

《国务院办公厅印发关于切实解决老年人运用智能技术困难实施方案的通知》

《国务院办公厅关于制定和实施老年人照顾服务项目的意见》

第三十四条 【养老金及其他待遇保障】老年人依法享有的养老金、医疗待遇和其他待遇应当得到保障,有关机构必须按时足额支付,不得克扣、拖欠或者挪用。

国家根据经济发展以及职工平均工资增长、物价上涨等情况,适时提高养老保障水平。

关联法规

《国务院办公厅关于推动个人养老金发展的意见》

《人力资源社会保障部、财政部关于2024年调整退休人员基本养老金的通知》

第三十五条 【物质帮助】国家鼓励慈善组织以及其他组织和个人为老年人提供物质帮助。

关联法规

《慈善法》第3条

第三十六条 【扶养、扶助协议】老年人可以与集体经济组织、基层群众性自治组织、养老机构等组织或者个人签订遗赠扶养协议或者其他扶助协议。

负有扶养义务的组织或者个人按照遗赠扶养协议,承担该老年人生养死葬的义务,享有受遗赠的权利。

条文注释

本条是关于遗赠扶养协议及其他扶助协议的规定。

遗赠扶养协议是受扶养人(亦是遗赠人)和扶养人之间订立的,由扶养人承担受扶养人的生养死葬的义务,受扶养人将自己所有的财产于其死后转归扶养人所有的协议。

"扶养人"是指法定继承人以外的其他自然人或组织。这种协议内容为,扶养人承担遗赠人生养死葬的义务,并于遗赠人死后取得其遗产。因此,遗赠扶养协议可分为以下两类:一类是公民之间的遗赠扶养协议;另一类是公民与基层群众性自治组织、养老机构等组织之间的遗赠扶养协议。这里的"遗赠人"一般是缺乏劳动能力又缺乏生活来源的鳏寡孤独的"五保户"老人。

法定继承、遗嘱继承、遗赠扶养协议继承三种继承方式的法律效力是依次递增的,即遗赠扶养协议效力优先,遗嘱继承次之,法定继承最后。如被继承人生前与他人签订了遗赠扶养协议,同时又立有遗嘱,继承开始后,如果遗赠扶养协议与遗嘱没有抵触,遗产分别按遗赠扶养协议和遗嘱处理;如果有抵触,按遗赠扶养协议处理,与遗赠扶养协议抵触的遗嘱全部或部分无效。只有被继承人生前未与他人订立遗赠扶养协议,且未立有遗嘱的,才启动法定继承程序。

扶养人或集体组织与公民签订了遗赠扶养协议,扶养人或集体组织无正当理由不履行协议内容,致协议解除的,不能享有受遗赠的权利,其支付的供养费用一般不予补偿;遗赠人无正当理由不履行协议内容,致协议解除的,则应偿还扶养人或集体组织已支付的供养费用。

关联法规

《民法典》第1123条、第1158条

《最高人民法院关于适用〈中华人民共和国民法典〉继承编的解释(一)》第3条、第29条

《遗赠扶养协议公证细则》

第四章 社会服务

第三十七条 【社区养老服务】地方各级人民政府和有关部门应当采取措施,发展城乡社区养老服务,鼓励、扶持专业服务机构及其他组织和个人,为居家的老年人提供生活照料、紧急救援、医疗护理、精神慰藉、心理咨询等多种形式的服务。

对经济困难的老年人,地方各级人民政府应当逐步给予养老服务补贴。

条文注释

本条是关于发展城乡社区养老服务的一般规定。

社区养老服务,是指通过政府扶持、社会参与、市场运作,逐步建立以家庭养老为核心,以社区服务为依托,以专业化服务为依靠,向居家老人提供生活照料、医疗保健、精神慰藉、文化娱乐等为主要内容的服务。

社区养老服务与社区养老关系密切,社区养老服务建立在社区养老模式之上。为促进并实现养老服务体系中的以"社区为依托",各地方人民政府和有关部门积极发展城乡社区养老服务尤为重要。也只有依托社区及社区养老服务,才能有效缓解居家养老的负担。

考虑到社区养老服务背后的经济负担,本条第2款要求地方各级人民政府逐步建立养老服务补贴制度,为经济困难的老年人提供养老服务补贴。其中,养老服务补贴制度,是指政府为低收入、高龄、独居、失能等养老困难的老年人提供补贴,为他们入住养老机构或者接受社区、居家养老服务,提供支持的一种制度。

关联法规

《基本医疗卫生与健康促进法》第28条

第三十八条 【养老服务设施】地方各级人民政府和有关部门、基层群众性自治组织,应当将养老服务设施纳入城乡社区配套设施建设规划,建立适应老年人需要的生活服务、文化体育活动、日间照料、疾病护理与康复等服务设施和网点,就近为老年人提供服务。

发扬邻里互助的传统,提倡邻里间关心、帮助有困难的老年人。

鼓励慈善组织、志愿者为老年人服务。倡导老年人互助服务。

条文注释

本条是关于养老服务设施和倡导帮助困难老年人的规定。

机构养老服务是我国养老服务体系的三大有机组成部分之一。机构养老服务以设施建设为重点,通过设施建设,实现机构养老的基本养老服务功能,因此推动养老服务设施建设对建设具有我国特色的养老服务体系至关重要。基于此,本条第1款规定地方各级人民政府和有关部门、基层群众性自治组织,应当将养老服务设施纳入城乡社区配套设施建设规划。

本条第2款是关于邻里互助的规定,第3款则是关于鼓励慈善组织、志愿者为老年人提供志愿服务的规定。根据《志愿服务条例》的规定,志愿服务,是指志愿者、志愿服务组织和其他组织自愿、无偿向社会或者他人提供的公益服务。志愿者,是指以自己的时间、知识、技能、体力等从事志愿服务的自然人。志愿服务组织,是指依法成立,以开展志愿服务为宗旨的非营利性组织。根据《慈善法》的规定,慈善组织,是指依法成立、符合《慈善法》规定,以面向社会开展慈善活动为宗旨的非营利性组织。慈善组织可以采取基金会、社会团体、社会服务机构等组织形式。

值得一提的是,本条第3款还特别倡导了老年人之间开展互助服务。老年人之间开展互助服务的规定是从实践中总结出来的,主要包括"年轻的"老人关心帮助"年长的"老人,身体好的老人关心帮助身体差的老人,有家有口的老人关心帮助"空巢老人"等。老年人之间的互帮互助,得益于双方都有时间,有共同语言,也容易沟通,因此这种互助形式非常受老年人欢迎。

关联法规

《志愿服务条例》

《慈善法》

第三十九条 【政策支持】各级人民政府应当根据经济发展水平和老年人服务需求,逐步增加对养老服务的投入。

各级人民政府和有关部门在财政、税费、土地、融资等方面采取措施,鼓励、扶持企业事业单位、社会组织或者个人兴办、运营养老、老年人日间照料、老年文化体育活动等设施。

关联法规

《体育法》第5条、第23条、第82条、第84条

第四十条 【养老服务设施用地】地方各级人民政府和有关部门应当按照老年人口比例及分布情况,将养老服务设施建设纳入城乡规划和土地利用总体规划,统筹安排养老服务设施建设用地及所需物资。

公益性养老服务设施用地,可以依法使用国有划拨土地或者农民集体所有的土地。

养老服务设施用地,非经法定程序不得改变用途。

第四十一条 【公办养老机构】政府投资兴办的养老机构,应当优先保障经济困难的孤寡、失能、高龄等老年人的服务需求。

条文注释

本条是关于公办养老机构优先保障困难老年人的规定。

养老机构,是社会养老专有名词,是指为老年人提供饮食起居、清洁卫生、生活护理、健康管理和文体娱乐活动等综合性服务的机构。它既可以是独立的法人机构,也可以是附属于医疗机构、企事业单位、社会团体或组织、综合性社会福利机构的一个部门或者分支机构。

养老机构致力于提供专业化和规范化的养老服务,它面向的主要对象如下:一是需由政府供养的孤寡老人;二是空巢老人;三是家庭无力照顾的、生活不能自理或半自理的老人;四是有经济支付能力愿意到养老机构接受照料的老人。

需注意的是,本条所称的养老机构是政府投资兴办的,因此要求其优先保障经济困难的孤寡、失能、高龄等老年人的服务需求。

第四十二条 【分类管理和评估】国务院有关部门制定养老服务设施建设、养老服务质量和养老服务职业等标准,建立健全养老机构分类管理和养老服务评估制度。

各级人民政府应当规范养老服务收费项目和标准,加强监督和管理。

关联法规

《国家发展改革委、民政部关于规范养老机构服务收费管理促进养老服务业健康发展的指导意见》

《养老机构服务质量基本规范》

第四十三条 【养老机构的登记】设立公益性养老机构,应当依法办理相应的登记。

设立经营性养老机构,应当在市场监督管理部门办理登记。

养老机构登记后即可开展服务活动,并向县级以上人民政府民政部门备案。

关联法规

《养老机构管理办法》

第四十四条 【养老机构综合监管制度】地方各级人民政府加强对本行政区域养老机构管理工作的领导,建立养老机构综合监管制度。

县级以上人民政府民政部门负责养老机构的指导、监督和管理,其他有关部门依照职责分工对养老机构实施监督。

关联法规

《国务院办公厅关于建立健全养老服务综合监管制度促进养老服务高质量发展的意见》

第四十五条 【监督检查措施】县级以上人民政府民政部门依法履行监督检查职责,可以采取下列措施:

(一)向养老机构和个人了解情况;

(二)进入涉嫌违法的养老机构进行现场检查;

(三)查阅或者复制有关合同、票据、账簿及其他有关资料;

(四)发现养老机构存在可能危及人身健康和生命财产安全风险的,责令限期改正,逾期不改正的,责令停业整顿。

县级以上人民政府民政部门调查养老机构涉嫌违法的行为,应当遵守《中华人民共和国行政强制法》和其他有关法律、行政法规的规定。

关联法规

《民政部、公安部、市场监管总局、中国银保监会关于加强养老机构非法集资防范化解工作的意见》

第四十六条 【养老机构的变更、终止】养老机构变更或者终止的,应当妥善安置收住的老年人,并依照规定到有关部门办理手续。有关部门应当为养老机构妥善安置老年人提供帮助。

第四十七条 【养老服务人才培养】国家建立健全养老服务人才培养、使用、评价和激励制度,依法规范用工,促进从业人员劳动报酬合理增长,发展专职、兼职和志愿者相结合的养老服务队伍。

国家鼓励高等学校、中等职业学校和职业培训机构设置相关专业或者培训项目,培养养老服务专业人才。

[条文注释]

本条是关于养老服务人才队伍建设的规定。

养老服务人才队伍建设是发展养老服务的一个重要内容。当前我国养老护理行业存在养老护理员专业技能不高、用工难,老年社工专业素质较低、人员紧缺等问题。为解决这些问题,并有效应对人口老龄化国情,2020年11月《国务院办公厅关于建立健全养老服务综合监管制度促进养老服务高质量发展的意见》中明确指出:"养老服务机构中从事医疗护理、康复治疗、消防管理等服务的专业技术人员,应当具备相关资格。加强养老护理员岗前职业技能培训及岗位职业技能提升培训,积极开展养老护理员职业技能等级认定工作。加强院校内老年服务与管理人才培养,实施职业技能水平评价。严格末端监督执法,依法依规加强对有关培训评价组织和职业技能等级证书的监管,防止出现乱培训、滥发证现象。依法依规从严惩处养老服务机构欺老、虐老等侵害老年人合法权益的行为,对相关责任人实施行业禁入措施。"

2023年12月发布了《民政部、国家发展改革委、教育部、财政部、人力资源社会保障部、住房城乡建设部、农业农村部、商务部、国家卫生健康委、市场监管总局、税务总局、全国老龄办关于加强养老服务人才队伍建设的意见》,对全方位吸引、培养、用好、留住人才作出部署。《2023年度国家老龄事业发展公报》显示,2023年全国高校新增设护理学、养老服务管理等专业点34个,截至2023年末,全国高校共开设护理学、养老服务管理等专业点770余个。职业教育方面,现行职业教育专业目录设有智慧健康养老服务、老年人服务与管理等15个中职、高职专科、职业本科相关专业,2023年中职相关专业布点1700余个,高职专科相关专业布点1600余个。继续教育方面,国家开放大学等33所高校2023年备案智慧健康养老服务与管理等专业点34个。

第四十八条 【养老服务协议】养老机构应当与接受服务的老年人或者其代理人签订服务协议,明确双方的权利、义务。

养老机构及其工作人员不得以任何方式侵害老年人的权益。

条文注释

本条是关于养老服务协议的规定。

养老服务协议,是指养老机构与服务对象或其代理人签订的,旨在明确双方的权利义务,减少和避免争议纠纷发生的民事协议。

根据《养老机构管理办法》第16条的规定,养老机构应当与老年人或者其代理人签订服务协议,明确当事人的权利和义务。服务协议一般包括下列条款:(1)养老机构的名称、住所、法定代表人或者主要负责人、联系方式;(2)老年人或者其代理人和紧急联系人的姓名、住址、身份证明、联系方式;(3)照料护理等级和服务内容、服务方式;(4)收费标准和费用支付方式;(5)服务期限和场所;(6)协议变更、解除与终止的条件;(7)暂停或者终止服务时老年人安置方式;(8)违约责任和争议解决方式;(9)当事人协商一致的其他内容。

关联法规

《养老机构管理办法》第16条、第17条、第46条

第四十九条 【养老责任保险】国家鼓励养老机构投保责任保险,鼓励保险公司承保责任保险。

条文注释

本条是关于国家鼓励养老机构投保责任保险的规定。

养老机构是养老产业的重要组成部分。与医疗行业相似,长期以来,养老产业同样面临服务过程中发生意外时责任难以判定的问题。比起医院,养老机构在这类问题发生时所处的境遇往往更为弱势,这种养老护理服务领域潜在的意外风险,成为行业中高悬的"一柄利剑"。

养老机构责任保险,是对入住养老机构的老年人或居家老人在接受护理人员服务过程中,由于各类原因导致的意外事故出现人身伤害时在约定限额内给予赔偿的一种责任保险。此类保险能有效分担养老机构的风险,对于保障老年人合法权益、降低养老机构经营风险、促进机构养老有序发展、增强社会互助具有重要意义。

关联法规

《养老机构管理办法》第34条

《国务院办公厅关于加快发展商业养老保险的若干意见》

第五十条 【老年医疗卫生服务】各级人民政府和有关部门应当将老年医疗卫生服务纳入城乡医疗卫生服务规划,将老年人健康管理和常见病预防等纳入国家基本公共卫生服务项目。鼓励为老年人提供保健、护理、临终关怀等服务。

国家鼓励医疗机构开设针对老年病的专科或者门诊。

医疗卫生机构应当开展老年人的健康服务和疾病防治工作。

条文注释

本条是关于老年医疗卫生服务的规定。

本条第2款、第3款规定,国家鼓励医疗机构开设针对老年病的专科或者门诊,医疗卫生机构应当开展老年人的健康服务和疾病防治工作。2022年4月国务院发布的《"十四五"国民健康规划》中提到,提升老年医疗和康复护理服务水平。推动开展老年人健康综合评估和老年综合征诊治,促进老年医疗服务从单病种向多病共治转变。到2025年,二级以上综合医院设立老年医学科的比例达到60%以上。完善从居家、社区到专业机构的长期照护服务模式。提升基层医疗卫生机构康复护理服务能力,开展老年医疗照护、家庭病床、居家护理等服务,推动医疗卫生服务向社区、家庭延伸。支持有条件的医疗机构与残疾人康复机构等开展合作。2023年3月中共中央办公厅、国务院办公厅印发了《关于进一步完善医疗卫生服务体系的意见》,其中规定,合理布局养老机构与综合医院老年医学科、护理院、康复疗养机构、安宁疗护机构等,推进形成资源共享、机制衔接、功能优化的老年人健康服务网络。建立健全医疗卫生机构与养老机构业务协作机制,积极开通养老机构与医疗机构的预约就诊、急诊急救绿色通道,提升养老机构举办的医疗机构开展医疗服务和药事管理能力,协同做好老年人慢性病管理、康复和护理服务。推动基层医疗卫生机构支持老年人医疗照护、家庭病床、居家护理等服务。

关联法规

《老年医学科建设与管理指南(试行)》

《基本医疗卫生与健康促进法》第25条、第36条、第74条

第五十一条 【医学研究和健康教育】国家采取措施,加强老年医学的研究和人才培养,提高老年病的预防、治疗、科研水平,促进老年病的早期发现、诊断和治疗。

国家和社会采取措施,开展各种形式的健康教育,普及老年保健知识,增强老年人自我保健意识。

条文注释

本条是关于加强老年医学研究及老年健康教育的规定。

老年病又称老年疾病,是指自然人在老年期所患的与衰老有关的,并且有自身特点的疾病。老年人患病主要是因为随着年龄增长,人体组织结构进一步老化,各器官功能逐步出现障碍,身体抵抗力逐步减弱,活动能力降低,以及协同功能衰退。

因此,在老龄社会,老年病将成为社会的一大现实问题,需国家和社会协同加以重视和解决。对于国家来说,支持老年医学的研究、人才培养,提高老年病的预防、治疗、科研水平既有助于缓解老年病给社会带来的医疗压力,也有助于保障老年人更健康地生活。

第五十二条 【老龄产业】国家采取措施,发展老龄产业,将老龄产业列入国家扶持行业目录。扶持和引导企业开发、生产、经营适应老年人需要的用品和提供相关的服务。

条文注释

本条是关于国家采取措施发展老龄产业的规定。

关于老龄产业的概念,目前还没有形成一个统一的认识。简单来说,老龄产业是由企业、社会组织和个人根据市场需求专门针对老年人这一特殊群体提供的物质文化产品和服务的集合。业内也将老龄产业称为"银色产业""银发产业"。

为扶持老龄产业发展,本条明确规定国家应将老龄产业列入国家扶持行业目录。扶持和引导企业开发、生产、经营适应老年人需要的用品和提供相关的服务。在实践中,国家采取措施发展老龄产业一般从以下两方面着手:(1)完善老龄产业政策。把老龄产业纳入经济社会发展总体规划,列入国家扶持行业目录;研究制定、落实引导和扶持老龄产业发展的信贷、投资等支持政策;鼓励社会资本投入老龄产业。引导老年人合理消费,培育壮大老年用品消费市场。(2)引导老龄产业健康发展。研究制定老年产品质量标准,加强老龄产业市场监管。发挥老龄产业行业协会和中介组织的积极作用,加强信息服务和行业自律。疏通老龄产业发展融资渠道。

需要加以区分的是老龄产业和老龄事业,这两者之间既有联系又有区别。尽管老龄产业和老龄事业均以老年人为服务对象,为老龄群体提供与生活保障相关的各种设备、设施、物品、服务等,但是老龄事业是具有显著公益性特点的民生事业,是社会公共管理性质的政府行为。老龄产业在性质上是个体经济单位的市场交易活动,是提升老年人生活质量的重要途径。

关联法规

《国务院办公厅关于发展银发经济增进老年人福祉的意见》

第五章　社会优待

第五十三条　【社会优待】县级以上人民政府及其有关部门根据经济社会发展情况和老年人的特殊需要,制定优待老年人的办法,逐步提高优待水平。

对常住在本行政区域内的外埠老年人给予同等优待。

条文注释

本条是关于政府对老年人社会优待的一般规定。

老年人因生理、心理等客观因素,生活能力有所退化,且年老退休后经济来源也有限,为保障老年人合法权益,国家和社会给予老年人优待具有特别重要的意义。在给予老年人社会优待中,政府担负着重要职责。政府优待老年人的职责主要包括:承担政策创制责任,积极研究制定优待老年人的相关政策法规;依法率先做好优待老年人的相关工作,为社会力量优待老年人树立榜样;提供必要的公共财政支持和政策扶持,引导和调动社会各方力量共同优待老年人,在全社会营造尊敬和优待老年人的良好氛围。

本条第2款是关于同等优待原则的规定。随着我国城市化进程加快,老年人跨地区流动现象较为普遍。广大老年人反映的突出问题是许多地方的优待只面向本地户籍老年人,外地老年人难以享受到同等优待。因此,本条第2款作出明确规定,对常住在本行政区域内的外埠老年人给予同等优待。

第五十四条 【为老年人及时、便利地享受物质帮助提供条件】各级人民政府和有关部门应当为老年人及时、便利地领取养老金、结算医疗费和享受其他物质帮助提供条件。

关联法规

《劳动和社会保障部办公厅关于对异地居住退休人员进行领取养老金资格协助认证工作的通知》

第五十五条 【重大事项询问并优先办理】各级人民政府和有关部门办理房屋权属关系变更、户口迁移等涉及老年人权益的重大事项时,应当就办理事项是否为老年人的真实意思表示进行询问,并依法优先办理。

第五十六条 【司法优待】老年人因其合法权益受侵害提起诉讼交纳诉讼费确有困难的,可以缓交、减交或者免交;需要获得律师帮助,但无力支付律师费用的,可以获得法律援助。

鼓励律师事务所、公证处、基层法律服务所和其他法律服务机构为经济困难的老年人提供免费或者优惠服务。

条文注释

本条是关于给予老年人司法优待的规定,主要包括司法救助和法律援助。

司法救助,是指当事人为维护自己的合法权益,向人民法院提起诉讼,但经济确有困难的,人民法院视情况实行诉讼费用缓交、减交、免交的政策。实施司法救助的根本目的在于确保经济有困难的当事人也能通过国家的司法救济来维护自身的合法权益。

根据相关规定,老年人可以向人民法院申请司法救助的情形主要有:(1)追索赡养费、扶养费、抚育费、抚恤金的;(2)孤寡老人和农村"五保户";(3)没有固定生活来源的残疾人、患有严重疾病的人;(4)国家规定的优抚、安置对象;(5)追索社会保险金、劳动报酬和经济补偿金的;(6)交通事故、医疗事故、工伤事故、产品质量事故或者其他人身伤害事故的受害人,请求赔偿的;(7)正在享受城市居民最低生活保障、农村特困户救济或者领取失业保险金,无其他收入的;(8)因自然灾害等不可抗力造成生活困难,正在接受社会救济,或者家庭生产经营难以为继的;(9)起诉行政机关违法要求农民履行义务的;(10)正在接受有关部门法律援助的;(11)其他情形确实需要司法救助的。

法律援助是指由政府设立的法律援助机构组织法律援助人员,为经济困难或特殊情形下的当事人无偿提供法律咨询、代理、刑事辩护等法律服务。根据《法律援助法》第31条的规定,下列事项的老年人,因经济困难没有委托代理人的,可以向法律援助机构申请法律援助:(1)依法请求国家赔偿;(2)请求给予社会保险待遇或者社会救助;(3)请求发给抚恤金;(4)请求给付赡养费、抚养费、扶养费;(5)请求确认劳动关系或者支付劳动报酬;(6)请求认定公民无民事行为能力或者限制民事行为能力;(7)请求工伤事故、交通事故、食品药品安全事故、医疗事故人身损害赔偿;(8)请求环境污染、生态破坏损害赔偿;(9)法律、法规、规章规定的其他情形。根据《法律援助法》第32条的规定,有下列情形之一,老年人申请法律援助的,不受经济困难条件的限制:(1)英雄烈士近亲属为维护英雄烈士的人格权益;(2)因见义勇为行为主张相关民事权益;(3)再审改判无罪请求国家赔偿;(4)遭受虐待、遗弃或者家庭暴力的受害人主张相关权益;(5)法律、法规、规章规定的其他情形。另外,根据《法律援助法》第42条第1项的规定,法律援助申请人有材料证明是无固定生活来源的老年人,免予核查经济困难状况。

关联法规

《法律援助法》第31条、第32条、第42条

《诉讼费用交纳办法》第44～51条

《最高人民法院关于对经济确有困难的当事人提供司法救助的规定》

《关于进一步加强老年人优待工作的意见》二、(六)

> **第五十七条 【医疗优待】**医疗机构应当为老年人就医提供方便,对老年人就医予以优先。有条件的地方,可以为老年人设立家庭病床,开展巡回医疗、护理、康复、免费体检等服务。
>
> 提倡为老年人义诊。

条文注释

本条是关于医疗机构应给予老年人医疗优待的规定。

全国老龄办等24部门联合发布的《关于进一步加强老年人优待工作的意见》规定,对老年人的卫生保健优待包括:(1)医疗卫生机构要优先为辖区内65周岁以上常住老年人免费建立健康档案,每年至少提供1次免费体格检查和健康指导,开展健康管理服务。定期对老年人进行健康状况评估,及时发现健康风险因素,促进老年疾病早发现、早诊断、早治疗。积极开展老年疾病防控的知识宣传,开展老年慢性病和老年期精神障碍的预防控制工作。为行动不便的老年人提供上门服务。(2)鼓励设立老年病医院,加强老年护理院、老年康复医院建设,有条件的二级以上综合医院应设立老年病科。(3)医疗卫生机构应为老年人就医提供方便和优先优惠服务。通过完善挂号、诊疗系统管理,开设专用窗口或快速通道、提供导医服务等方式,为老年人特别是高龄、重病、失能老年人挂号(退换号)、就诊、转诊、综合诊疗提供便利条件。(4)鼓励各地医疗机构减免老年人普通门诊挂号费和贫困老年人诊疗费。提倡为老年人义诊。(5)倡导医疗卫生机构与养老机构之间建立业务协作机制,开通预约就诊绿色通道,协同做好老年人慢性病管理和康复护理,加快推进面向养老机构的远程医疗服务试点,为老年人提供便捷、优先、优惠的医疗服务。(6)支持符合条件的养老机构内设医疗机构,申请纳入城镇职工(居民)基本医疗保险和新型农村合作医疗定点范围。

关联法规

《关于进一步加强老年人优待工作的意见》二、(二)

> **第五十八条 【优先、优惠服务】**提倡与老年人日常生活密切相关的服务行业为老年人提供优先、优惠服务。
>
> 城市公共交通、公路、铁路、水路和航空客运,应当为老年人提供优待和照顾。

条文注释

本条是关于提倡与老年人生活密切相关的服务行业优待老年人的规定。

老年人因其身心特点在日常生活中比一般人面临的困难更多。为保障老年人合法权益,促进老年人更好地参与社会生活、社会发展,有必要在老年人的日常生活中提供更多的优待。

根据《关于进一步加强老年人优待工作的意见》的规定,对老年人交通出行优待包括:(1)城市公共交通、公路、铁路、水路和航空客运,要为老年人提供便利服务。(2)交通场所和站点应设置老年人优先标志,设立等候专区,根据需要配备升降电梯、无障碍通道、无障碍洗手间等设施。对于无人陪同、行动不便的老年人给予特别关照。(3)城市公共交通工具应为老年人提供票价优惠,鼓励对65周岁以上老年人实行免费,有条件的地方可逐步覆盖全体老年人。各地可根据实际情况制定具体的优惠办法,对落实老年优待任务的公交企业要给予相应经济补偿。(4)倡导老年人投保意外伤害保险,保险公司对参保老年人应给予保险费、保险金额等方面的优惠。(5)公共交通工具要设立不低于座席数10%的"老幼病残孕"专座。铁路部门要为列车配备无障碍车厢和座位,对有特殊需要的老年人订票和选座位提供便利服务。(6)严格执行《无障碍环境建设条例》《社区老年人日间照料中心建设标准》等建设标准,重点做好居住区、城市道路、商业网点、文化体育场馆、旅游景点等场所的无障碍设施建设,优先推进坡道、电梯等与老年人日常生活密切相关的公共设施改造,适当配备老年人出行辅助器具,为老年人提供安全、便利、舒适的生活和出行环境。(7)公厕应配备便于老年人使用的无障碍设施,并对老年人实行免费。对老年人商业服务优待包括:(1)各地要根据老年人口规模和消费需求,合理布局商业网点,有条件的商场、超市设立老年用品专柜。(2)商业饮食服务网点、日常生活用品经销单位,以及水、电、暖气、燃气、通讯、电信、邮政等服务行业和网点,要为老年人提供优先、便利和优惠服务。(3)金融机构应为老年人办理业务提供便捷服务,设置老年人取款优先窗口,并提供导引服务,对有特殊困难、行动不便的老年人提供特需服务或上门服务。鼓励对养老金客户实施减费让利,对异地领取养老金的客户减免手续费。对办理转账、汇款业务或购买金融产品的老年人,应提示相应风险。

关联法规

《关于进一步加强老年人优待工作的意见》二、(三)(四)

《关于进一步加强适老化无障碍出行服务工作的通知》

第五十九条 【文体场所优待】博物馆、美术馆、科技馆、纪念馆、公共图书馆、文化馆、影剧院、体育场馆、公园、旅游景点等场所,应当对老年人免费或者优惠开放。

条文注释

本条是关于文体场所对老年人免费开放或者优惠开放的规定。

《关于进一步加强老年人优待工作的意见》明确提出应对老年人提供文体休闲优待,努力丰富老年人的精神文化生活。并列明下列优待内容:(1)各级各类博物馆、美术馆、科技馆、纪念馆、公共图书馆、文化馆等公共文化服务设施,向老年人免费开放。减免老年人参观文物建筑及遗址类博物馆的门票。(2)公共文化体育部门应对老年人优惠开放,免费为老年人提供影视放映、文艺演出、体育赛事、图片展览、科技宣传等公益性流动文化体育服务。关注农村老年人文化体育需求,适当安排面向农村老年人的专题专场公益性文化体育服务。(3)公共文化体育场所应为老年人健身活动提供方便和优惠服务,安排一定时段向老年人减免费用开放,有条件的可适当增加面向老年人的特色文化体育服务项目。提倡体育机构每年为老年人进行体质测定,为老年人体育健身提供咨询、服务和指导,提高老年人科学健身水平。(4)提倡经营性文化体育单位对老年人提供优待。鼓励影剧院、体育场馆为老年人提供优惠票价,为老年文艺体育团体优惠提供场地。(5)公园、旅游景点应对老年人实行门票减免,鼓励景区内的观光车、缆车等代步工具对老年人给予优惠。

关联法规

《关于进一步加强老年人优待工作的意见》二、(五)27~31

第六十条 【筹劳义务免除】农村老年人不承担兴办公益事业的筹劳义务。

条文注释

本条是关于免除农村老年人筹劳义务的规定。

筹劳义务是农村一事一议筹资筹劳制度的重要组成部分。农村一事一议筹资筹劳制度是2000年农村税费改革初期适应改革村提留征收使用办法、取消统一规定的"两工"而作出的制度安排,是推进农村基层民主政治建设、提高民主管理水平和充分调动广大农民积极性的一项有效措施。

根据《村民一事一议筹资筹劳管理办法》的规定,筹资筹劳,是指兴办村民直接受益的集体生产生活等公益事业,按照《村民一事一议筹资筹劳管理办法》规定经民主程序确定的村民出资出劳的行为。考虑到农村老年人年老体弱,不适宜参加体力劳动,本条明确规定农村老年人不承担兴办公益事业的筹劳义务,以维护老年人的合法权益。

关联法规

《村民一事一议筹资筹劳管理办法》

第六章　宜居环境

第六十一条　【宜居环境建设】国家采取措施,推进宜居环境建设,为老年人提供安全、便利和舒适的环境。

条文注释

本条是关于老年人宜居环境的一般规定。

老年人宜居环境建设,简单来说,就是建设安全、便利和适宜老年人居住、生活的城乡环境、社区环境和家庭环境。

我国关于老年人宜居环境主要有以下四个问题:(1)城乡的公共设施适老性程度比较低,老年人利用公共设施会感到不方便、不安全,更谈不上舒适。(2)老龄服务设施缺少合理布局和合理配套,生活服务设施、护理服务设施短缺。(3)老年人家庭环境不宜居,无障碍设施短缺,如上下楼不方便,在小区里行走锻炼不方便等。(4)社区为老年人服务的队伍、组织比较缺失。基于上述原因,本条就宜居环境作出了一般规定,明确了国家的责任,概括了老年宜居环境建设的总体要求。

第六十二条　【服务设施建设】各级人民政府在制定城乡规划时,应当根据人口老龄化发展趋势、老年人口分布和老年人的特点,统筹考虑适合老年人的公共基础设施、生活服务设施、医疗卫生设施和文化体育设施建设。

关联法规

《"十四五"积极应对人口老龄化工程和托育建设实施方案》

第六十三条 【工程建设标准体系】国家制定和完善涉及老年人的工程建设标准体系,在规划、设计、施工、监理、验收、运行、维护、管理等环节加强相关标准的实施与监督。

关联法规

《养老机构重大事故隐患判定标准》
《养老机构消防安全管理规定》
《老年人照料设施建筑设计标准》(JGJ 450—2018)
《老年养护院建设标准》(建标 144—2010)

第六十四条 【无障碍设施建设】国家制定无障碍设施工程建设标准。新建、改建和扩建道路、公共交通设施、建筑物、居住区等,应当符合国家无障碍设施工程建设标准。

各级人民政府和有关部门应当按照国家无障碍设施工程建设标准,优先推进与老年人日常生活密切相关的公共服务设施的改造。

无障碍设施的所有人和管理人应当保障无障碍设施正常使用。

关联法规

《无障碍环境建设法》
《无障碍环境建设条例》
《无障碍环境认证实施规则》
《促进数字技术适老化高质量发展工作方案》

第六十五条 【宜居社区建设】国家推动老年宜居社区建设,引导、支持老年宜居住宅的开发,推动和扶持老年人家庭无障碍设施的改造,为老年人创造无障碍居住环境。

关联法规

《中国残疾人联合会关于进一步提高困难重度残疾人家庭无障碍改造工作质量的通知》

第七章　参与社会发展

第六十六条　【重视老年人作用】国家和社会应当重视、珍惜老年人的知识、技能、经验和优良品德，发挥老年人的专长和作用，保障老年人参与经济、政治、文化和社会生活。

条文注释

本条是关于老年人参与社会发展的一般规定。

《中国老龄事业的发展》白皮书写到，国家重视和珍惜老年人的知识、经验和技能，尊重他们的优良品德，积极创造条件，发挥老年人的专长和作用，鼓励和支持老年人融入社会，继续参与社会发展。2019年3月发布的《国务院办公厅关于推进养老服务发展的意见》中也提到，重视珍惜老年人的知识、技能、经验和优良品德，发挥老年人的专长和作用，鼓励其在自愿和量力的情况下，从事传播文化和科技知识、参与科技开发和应用、兴办社会公益事业等社会活动。

一直以来，我国颁布的老龄事业发展计划或规划都把鼓励老年人参与社会发展作为重要内容，并为发挥离退休高级专家和专业技术人员作用制定专项政策。比如，在城镇，各级政府根据经济、社会和科技发展需要，引导老年人参与教育培训、技术咨询、医疗卫生、科技应用开发以及关心教育下一代等活动。在农村，鼓励低龄健康老年人从事种植、养殖和加工业。

第六十七条　【老年人组织】老年人可以通过老年人组织，开展有益身心健康的活动。

条文注释

本条是关于老年人组织的规定。

老年人组织,即老年人社会组织,指依法设立的以老年工作为主要内容,以满足老年人需求为主要活动目的,或以老年人为参与主体的、非政府性的社会组织。如中国老龄协会、中国老科学技术工作者协会、中国老教授协会、中国老龄事业发展基金会等。

老年人组织是以维护老年人合法权益为目的的结社组织。成立老年人组织有助于老年人群体依靠自身的力量开展有益身心健康的活动,有助于老年人更好地参与社会发展,也有助于老年人依法维护自身的合法权益。例如,本法第7条就明确规定"依法设立的老年人组织应当反映老年人的要求,维护老年人合法权益,为老年人服务"。

第六十八条【听取老年人和老年人组织的意见和建议】 制定法律、法规、规章和公共政策,涉及老年人权益重大问题的,应当听取老年人和老年人组织的意见。

老年人和老年人组织有权向国家机关提出老年人权益保障、老龄事业发展等方面的意见和建议。

条文注释

本条是关于制定涉及老年人权益的法规应当听取老年人和老年人组织的意见,及老年人和老年人组织有权向国家机关提出意见和建议的规定。

人民当家作主的一个重要方面,就是人民群众可以通过各种途径参与立法、政策制定等活动,使法律法规及政策决定体现人民的意志,反映最广大人民群众的根本利益和长远利益。人民群众参与国家立法、政策制定等活动,主要通过以下两方面体现出来:一方面,人民群众民主选举各级人大代表,人大代表参与国家权力机关的工作,并反映人民群众的意见和要求;另一方面,有关国家机关在其立法和政策制定等活动中,采取各种有效措施,广泛听取人民群众的意见。

老年人作为人民群众的重要组成部分，当然享有通过各种途径参与立法、政策制定等活动的权利，特别是在涉及老年人权益的重大问题上。基于此，本条规定制定法律、法规、规章和公共政策，涉及老年人权益重大问题的，应当听取老年人及老年人组织的意见。除此之外，为维护自身合法权益，老年人及老年人组织当然也有权主动向国家机关提出老年人权益保障、老龄事业发展等方面的意见和建议。

第六十九条　【对老年人参与社会活动的支持和保障】国家为老年人参与社会发展创造条件。根据社会需要和可能，鼓励老年人在自愿和量力的情况下，从事下列活动：

（一）对青少年和儿童进行社会主义、爱国主义、集体主义和艰苦奋斗等优良传统教育；

（二）传授文化和科技知识；

（三）提供咨询服务；

（四）依法参与科技开发和应用；

（五）依法从事经营和生产活动；

（六）参加志愿服务、兴办社会公益事业；

（七）参与维护社会治安、协助调解民间纠纷；

（八）参加其他社会活动。

关联法规

《关于加强新时代老科学技术工作者协会工作更好发挥老科技工作者作用的意见》

第七十条　【参加劳动】老年人参加劳动的合法收入受法律保护。

任何单位和个人不得安排老年人从事危害其身心健康的劳动或者危险作业。

条文注释

本条是关于老年人参加劳动及合法收入受法律保护的规定。

劳动不仅是公民获得财富最基本的途径,而且是公民实现自我价值和自我完善的基本方式。根据《宪法》的规定,中华人民共和国公民有劳动的权利和义务。老年人虽然已经退出原来的工作岗位,但劳动权利并没有因此丧失,老年人仍有继续参加劳动的权利,有继续参与社会发展的权利。老年人参加力所能及的劳动,在退休之后继续参与社会发展,也是国家鼓励和支持的。

为此,本条规定老年人因参加劳动获得的合法收入为其个人合法财产,受法律保护,任何人不得侵犯。并且,老年人参加劳动所获得的收入应与其付出的劳动贡献相匹配,不得因老年人已退休而差别对待。

关联法规

《宪法》第 42 条

《劳动法》

《劳动合同法》

第七十一条 【老年人教育】老年人有继续受教育的权利。

国家发展老年教育,把老年教育纳入终身教育体系,鼓励社会办好各类老年学校。

各级人民政府对老年教育应当加强领导,统一规划,加大投入。

条文注释

本条是关于老年人继续受教育权的规定。

本条第 1 款规定,老年人有继续受教育的权利。受教育权是公民接受文化、科学等方面教育训练的权利,包括公民按照其能力平等地享有受教育的权利和要求国家提供教育机会的权利。公民的受教育权是公民生存和社会发展的基础,国家必须为公民接受教育创造必要的条件并提供必要的物质帮助。作为我国公民的老年人依旧享有受教育权,该权利不因为年老而丧失。

本条第2款是关于老年教育的规定。在我国,老年教育是指对60周岁及以上的老年人进行有目的、有计划、有组织的教育活动。其目的是提高老年人思想道德和科学文化素质。

关联法规
《宪法》第46条第1款
《关于进一步加强老年人优待工作的意见》二、(五)32

第七十二条　【老年人文化生活】国家和社会采取措施,开展适合老年人的群众性文化、体育、娱乐活动,丰富老年人的精神文化生活。

关联法规
《养老机构管理办法》第22条

第八章　法律责任

第七十三条　【侵权救济】老年人合法权益受到侵害的,被侵害人或者其代理人有权要求有关部门处理,或者依法向人民法院提起诉讼。

人民法院和有关部门,对侵犯老年人合法权益的申诉、控告和检举,应当依法及时受理,不得推诿、拖延。

条文注释

本条是关于老年人合法权益受侵害如何救济的一般规定。

根据本条规定,有侵犯老年人合法权益的,如侵犯生命权、健康权、名誉权、婚姻自主权、物权、继承权等人身、财产权益,以及本法规定的获得物质帮助权、享受社会服务权、享受社会优待权及参与社会发展权等权利的,老年人作为受害人有权要求或通过代理人要求有关部门处理,符合起诉条件的可依法向人民法院提起行政诉讼、民事诉讼及刑事诉讼。老年人应善于依法维护自身合法权益,当自身的合法权益受到侵害时,要积极向有关部门投诉,要求有关部门依法处理,或者向人民法院起诉,用法律的武器维护自身的合法权益。考虑到年老体弱等因素削弱了老年人的维权能力,本条第2款明确要求人民法院和有关部门,对侵犯老年人合法权益的申诉、控告和检举,应当依法及时受理,不得推诿、拖延。

第七十四条　【不作为或失职的法律责任】不履行保护老年人合法权益职责的部门或者组织,其上级主管部门应当给予批评教育,责令改正。

国家工作人员违法失职,致使老年人合法权益受到损害的,由其所在单位或者上级机关责令改正,或者依法给予处分;构成犯罪的,依法追究刑事责任。

第七十五条　【家庭纠纷处理】老年人与家庭成员因赡养、扶养或者住房、财产等发生纠纷,可以申请人民调解委员会或者其他有关组织进行调解,也可以直接向人民法院提起诉讼。

人民调解委员会或者其他有关组织调解前款纠纷时,应当通过说服、疏导等方式化解矛盾和纠纷;对有过错的家庭成员,应当给予批评教育。

人民法院对老年人追索赡养费或者扶养费的申请,可以依法裁定先予执行。

条文注释

本条是关于解决老年人家庭民事纠纷的规定。

根据本条第1款的规定,老年人与家庭成员之间关于赡养、扶养、住房、财产等民事纠纷的解决途径主要有两种,即申请调解和提起诉讼。

所谓调解,是指双方当事人以外的第三者,以国家法律、法规和政策以及社会公德为依据,对纠纷双方进行疏导、劝说,促使他们相互谅解,进行协商,自愿达成协议,解决纠纷的活动。考虑到老年人与家庭成员之间的亲属关系,调解应作为解决老年人家庭纠纷的重要方式,故本条第2款要求人民调解委员会或其他有关组织在调解此类纠纷时,应当通过说服、疏导等方式来化解矛盾和纠纷;对有过错的家庭成员应当给予批评教育。

当然,老年人在解决与家庭成员之间的纠纷时也可以不通过调解,直接向人民法院起诉,或者调解后另行起诉以维护自身合法权益。值得一提的是,在民事诉讼中,考虑到一些老年人对赡养费或扶养费的急切需求,本条第3款规定,人民法院对老年人提出的追索赡养费、扶养费案件,根据老年人申请,可以裁定先予执行,即裁定义务人预先履行将来生效判决中判定给付赡养费、扶养费的义务。

关联法规

《民事诉讼法》第109条

《人民调解法》

第七十六条 【干涉婚姻自由,拒不履行赡养、扶养义务,虐待或实施家庭暴力的法律责任】 干涉老年人婚姻自由,对老年人负有赡养义务、扶养义务而拒绝赡养、扶养,虐待老年人或者对老年人实施家庭暴力的,由有关单位给予批评教育;构成违反治安管理行为的,依法给予治安管理处罚;构成犯罪的,依法追究刑事责任。

条文注释

本条是关于干涉老年人婚姻自由,拒绝赡养、扶养老年人,对老年人实施家庭暴力的法律责任的规定。

根据本条的规定,干涉老年人婚姻自由,对老年人负有赡养义务、扶养义务而拒绝赡养、扶养,对老年人实施家庭暴力的,由有关单位给予批评教育,这里的"有关单位"指的是老年人组织、基层群众性自治组织及行为人所在单位。如果上述行为构成违反治安管理行为的,则依法给予治安管理处罚;情节严重,构成犯罪的,应依法追究刑事责任。

关联法规

《治安管理处罚法》

《刑法》第234条、第257条、第261条

第七十七条 【侵犯老年人财产权益的法律责任】家庭成员盗窃、诈骗、抢夺、侵占、勒索、故意损毁老年人财物,构成违反治安管理行为的,依法给予治安管理处罚;构成犯罪的,依法追究刑事责任。

条文注释

本条是关于家庭成员侵犯老年人财产权益的法律责任的规定。

家庭成员盗窃、诈骗、抢夺、侵占、勒索、故意损毁老年人财物,构成违反治安管理行为的,依法给予治安管理处罚。根据《治安管理处罚法》的规定,盗窃、诈骗、哄抢、抢夺、敲诈勒索或者故意损毁公私财物的,依据情节轻重给予拘留、罚款等治安管理处罚。

如果家庭成员的上述行为情节严重,则可能触犯《刑法》中的盗窃罪、诈骗罪、抢夺罪、侵占罪、敲诈勒索罪、故意毁坏财物罪,应依法追究刑事责任。

关联法规

《治安管理处罚法》

《刑法》第264条、第266条、第267条、第270条、第274条、第275条

第七十八条 【侮辱、诽谤老年人的法律责任】侮辱、诽谤老年人,构成违反治安管理行为的,依法给予治安管理处罚;构成犯罪的,依法追究刑事责任。

条文注释

本条是关于诽谤、侮辱老年人的法律责任的规定。

诽谤,是指故意捏造并散布虚构的事实,贬损他人人格,破坏他人名誉,情节严重的行为。侮辱,是指使用暴力或者以其他方法,公然贬损他人人格,破坏他人名誉,情节严重的行为。

老年人享有名誉权、荣誉权等人格权,不得诽谤、侮辱。以暴力或者其他方法公然侮辱老年人、捏造事实诽谤老年人,依照《治安管理处罚法》的有关规定给予治安管理处罚。构成犯罪的,依法追究侮辱罪、诽谤罪的刑事责任。

另外,根据《民法典》的规定,人格权受到侵害的,受害人有权依照相关法律的规定请求行为人承担民事责任。

关联法规

《治安管理处罚法》
《刑法》第 246 条
《民法典》第 989~1001 条、第 1024~1031 条

第七十九条 【养老机构及其工作人员侵害老年人人身、财产权益的法律责任】养老机构及其工作人员侵害老年人人身和财产权益,或者未按照约定提供服务的,依法承担民事责任;有关主管部门依法给予行政处罚;构成犯罪的,依法追究刑事责任。

关联法规

《养老机构管理办法》第 46 条

第八十条 【渎职行为的法律责任】对养老机构负有管理和监督职责的部门及其工作人员滥用职权、玩忽职守、徇私舞弊的,对直接负责的主管人员和其他直接责任人员依法给予处分;构成犯罪的,依法追究刑事责任。

关联法规

《养老机构管理办法》第 47 条

第八十一条 【不履行优待老年人义务的处理】不按规定履行优待老年人义务的,由有关主管部门责令改正。

第八十二条 【工程设施不符合规定的法律责任】涉及老年人的工程不符合国家规定的标准或者无障碍设施所有人、管理人未尽到维护和管理职责的,由有关主管部门责令改正;造成损害的,依法承担民事责任;对有关单位、个人依法给予行政处罚;构成犯罪的,依法追究刑事责任。

条文注释

本条是关于涉及老年人工程、设施建设不符合国家规定的标准等的法律责任的规定。

本法第6章就老年人宜居环境作出了规定。为让老年人能在安全、便利和舒适的环境中"老有所居",国家制定了《老年人照料设施建筑设计标准》《社区老年人日间照料中心建设标准》等标准,并严格监管。

对于违反这些工程建设标准及本法第64条第3款规定的无障碍设施所有人和管理人义务,尚未造成侵害后果的,由有关主管部门责令改正。如果因此造成损害后果的,视情节轻重给予行政处罚或刑事处罚。当然,违法行为给老年人造成民事侵权损害的,行为人应依法承担民事侵权责任,且不受行为人应承担的行政责任或刑事责任的影响。并且,因同一行为应当承担侵权责任和行政责任或刑事责任,侵权人的财产不足以支付的,先承担侵权责任。

关联法规

《民法典》第187条

《无障碍环境建设条例》第31条、第33条、第34条

第九章 附 则

第八十三条 【变通或补充规定制度】民族自治地方的人民代表大会，可以根据本法的原则，结合当地民族风俗习惯的具体情况，依照法定程序制定变通的或者补充的规定。

条文注释

本条是关于民族自治地方可根据本法原则进行变通规定或补充规定的规定。

根据《宪法》和《民族区域自治法》的规定，民族自治地方拥有广泛的自治权，其中就包括制定自治条例和单行条例。

根据《立法法》的规定，自治条例和单行条例可以依照当地民族的特点，对法律和行政法规的规定作出变通规定，但不得违背法律或者行政法规的基本原则，不得对《宪法》和《民族区域自治法》的规定以及其他有关法律、行政法规专门就民族自治地方所作的规定作出变通规定。

关联法规

《宪法》第4条第3款、第115条、第116条

《立法法》第85条

《民族区域自治法》

第八十四条 【溯及效力】本法施行前设立的养老机构不符合本法规定条件的，应当限期整改。具体办法由国务院民政部门制定。

第八十五条 【施行日期】本法自2013年7月1日起施行。

附录一 关联法规

中华人民共和国民法典(节录)

(2020年5月28日第十三届全国人民代表大会第三次会议通过 2020年5月28日中华人民共和国主席令第45号公布 自2021年1月1日起施行)

第一编 总 则

第二章 自 然 人

第一节 民事权利能力和民事行为能力

第十三条 【自然人民事权利能力的起止】 自然人从出生时起到死亡时止,具有民事权利能力,依法享有民事权利,承担民事义务。

第十四条 【自然人民事权利能力平等】 自然人的民事权利能力一律平等。

第十五条 【自然人出生和死亡时间的判断标准】 自然人的出生时间和死亡时间,以出生证明、死亡证明记载的时间为准;没有出生证明、死亡证明的,以户籍登记或者其他有效身份登记记载的时间为准。有其他证据足以推翻以上记载时间的,以该证据证明的时间为准。

第十六条 【胎儿利益的特殊保护】 涉及遗产继承、接受赠与等胎儿利益保护的,胎儿视为具有民事权利能力。但是,胎儿娩出时为死体的,其民事权利能力自始不存在。

第十七条 【成年人与未成年人的年龄标准】 十八周岁以上的自然人为

成年人。不满十八周岁的自然人为未成年人。

第十八条 【完全民事行为能力人】成年人为完全民事行为能力人,可以独立实施民事法律行为。

十六周岁以上的未成年人,以自己的劳动收入为主要生活来源的,视为完全民事行为能力人。

第十九条 【限制民事行为能力的未成年人】八周岁以上的未成年人为限制民事行为能力人,实施民事法律行为由其法定代理人代理或者经其法定代理人同意、追认;但是,可以独立实施纯获利益的民事法律行为或者与其年龄、智力相适应的民事法律行为。

第二十条 【无民事行为能力的未成年人】不满八周岁的未成年人为无民事行为能力人,由其法定代理人代理实施民事法律行为。

第二十一条 【无民事行为能力的成年人】不能辨认自己行为的成年人为无民事行为能力人,由其法定代理人代理实施民事法律行为。

八周岁以上的未成年人不能辨认自己行为的,适用前款规定。

第二十二条 【限制民事行为能力的成年人】不能完全辨认自己行为的成年人为限制民事行为能力人,实施民事法律行为由其法定代理人代理或者经其法定代理人同意、追认;但是,可以独立实施纯获利益的民事法律行为或者与其智力、精神健康状况相适应的民事法律行为。

第二十三条 【法定代理人】无民事行为能力人、限制民事行为能力人的监护人是其法定代理人。

第二十四条 【无民事行为能力人或限制民事行为能力人的认定与恢复】不能辨认或者不能完全辨认自己行为的成年人,其利害关系人或者有关组织,可以向人民法院申请认定该成年人为无民事行为能力人或者限制民事行为能力人。

被人民法院认定为无民事行为能力人或者限制民事行为能力人的,经本人、利害关系人或者有关组织申请,人民法院可以根据其智力、精神健康恢复的状况,认定该成年人恢复为限制民事行为能力人或者完全民事行为能力人。

本条规定的有关组织包括:居民委员会、村民委员会、学校、医疗机构、妇女联合会、残疾人联合会、依法设立的老年人组织、民政部门等。

第二十五条 【自然人的住所】自然人以户籍登记或者其他有效身份登

记记载的居所为住所;经常居所与住所不一致的,经常居所视为住所。

第二节 监 护

第二十六条 【父母子女之间的法律义务】父母对未成年子女负有抚养、教育和保护的义务。

成年子女对父母负有赡养、扶助和保护的义务。

第二十七条 【未成年人的监护人】父母是未成年子女的监护人。

未成年人的父母已经死亡或者没有监护能力的,由下列有监护能力的人按顺序担任监护人:

(一)祖父母、外祖父母;

(二)兄、姐;

(三)其他愿意担任监护人的个人或者组织,但是须经未成年人住所地的居民委员会、村民委员会或者民政部门同意。

第二十八条 【无、限制民事行为能力的成年人的监护人】无民事行为能力或者限制民事行为能力的成年人,由下列有监护能力的人按顺序担任监护人:

(一)配偶;

(二)父母、子女;

(三)其他近亲属;

(四)其他愿意担任监护人的个人或者组织,但是须经被监护人住所地的居民委员会、村民委员会或者民政部门同意。

第二十九条 【遗嘱指定监护人】被监护人的父母担任监护人的,可以通过遗嘱指定监护人。

第三十条 【协议确定监护人】依法具有监护资格的人之间可以协议确定监护人。协议确定监护人应当尊重被监护人的真实意愿。

第三十一条 【监护争议解决程序】对监护人的确定有争议的,由被监护人住所地的居民委员会、村民委员会或者民政部门指定监护人,有关当事人对指定不服的,可以向人民法院申请指定监护人;有关当事人也可以直接向人民法院申请指定监护人。

居民委员会、村民委员会、民政部门或者人民法院应当尊重被监护人的真实意愿,按照最有利于被监护人的原则在依法具有监护资格的人中指定监护人。

依据本条第一款规定指定监护人前,被监护人的人身权利、财产权利以及其他合法权益处于无人保护状态的,由被监护人住所地的居民委员会、村民委员会、法律规定的有关组织或者民政部门担任临时监护人。

监护人被指定后,不得擅自变更;擅自变更的,不免除被指定的监护人的责任。

第三十二条 【公职监护人】没有依法具有监护资格的人的,监护人由民政部门担任,也可以由具备履行监护职责条件的被监护人住所地的居民委员会、村民委员会担任。

第三十三条 【意定监护】具有完全民事行为能力的成年人,可以与其近亲属、其他愿意担任监护人的个人或者组织事先协商,以书面形式确定自己的监护人,在自己丧失或者部分丧失民事行为能力时,由该监护人履行监护职责。

第三十四条 【监护人的职责与权利及临时生活照料措施】监护人的职责是代理被监护人实施民事法律行为,保护被监护人的人身权利、财产权利以及其他合法权益等。

监护人依法履行监护职责产生的权利,受法律保护。

监护人不履行监护职责或者侵害被监护人合法权益的,应当承担法律责任。

因发生突发事件等紧急情况,监护人暂时无法履行监护职责,被监护人的生活处于无人照料状态的,被监护人住所地的居民委员会、村民委员会或者民政部门应当为被监护人安排必要的临时生活照料措施。

第三十五条 【监护人履行职责的原则与要求】监护人应当按照最有利于被监护人的原则履行监护职责。监护人除为维护被监护人利益外,不得处分被监护人的财产。

未成年人的监护人履行监护职责,在作出与被监护人利益有关的决定时,应当根据被监护人的年龄和智力状况,尊重被监护人的真实意愿。

成年人的监护人履行监护职责,应当最大程度地尊重被监护人的真实意愿,保障并协助被监护人实施与其智力、精神健康状况相适应的民事法律行为。对被监护人有能力独立处理的事务,监护人不得干涉。

第三十六条 【撤销监护人资格】监护人有下列情形之一的,人民法院根据有关个人或者组织的申请,撤销其监护人资格,安排必要的临时监护措施,并按照最有利于被监护人的原则依法指定监护人:

(一)实施严重损害被监护人身心健康的行为;

(二)怠于履行监护职责,或者无法履行监护职责且拒绝将监护职责部分或者全部委托给他人,导致被监护人处于危困状态;

(三)实施严重侵害被监护人合法权益的其他行为。

本条规定的有关个人、组织包括:其他依法具有监护资格的人,居民委员会、村民委员会、学校、医疗机构、妇女联合会、残疾人联合会、未成年人保护组织、依法设立的老年人组织、民政部门等。

前款规定的个人和民政部门以外的组织未及时向人民法院申请撤销监护人资格的,民政部门应当向人民法院申请。

第三十七条 【监护人资格被撤销后负担义务不免除】依法负担被监护人抚养费、赡养费、扶养费的父母、子女、配偶等,被人民法院撤销监护人资格后,应当继续履行负担的义务。

第三十八条 【恢复监护人资格】被监护人的父母或者子女被人民法院撤销监护人资格后,除对被监护人实施故意犯罪的外,确有悔改表现的,经其申请,人民法院可以在尊重被监护人真实意愿的前提下,视情况恢复其监护人资格,人民法院指定的监护人与被监护人的监护关系同时终止。

第三十九条 【监护关系终止的情形】有下列情形之一的,监护关系终止:

(一)被监护人取得或者恢复完全民事行为能力;

(二)监护人丧失监护能力;

(三)被监护人或者监护人死亡;

(四)人民法院认定监护关系终止的其他情形。

监护关系终止后,被监护人仍然需要监护的,应当依法另行确定监护人。

第三节 宣告失踪和宣告死亡

第四十条 【宣告失踪的条件】自然人下落不明满二年的,利害关系人可以向人民法院申请宣告该自然人为失踪人。

第四十一条 【下落不明的时间计算】自然人下落不明的时间自其失去音讯之日起计算。战争期间下落不明的,下落不明的时间自战争结束之日或者有关机关确定的下落不明之日起计算。

第四十二条 【失踪人的财产代管人】失踪人的财产由其配偶、成年子女、父母或者其他愿意担任财产代管人的人代管。

代管有争议,没有前款规定的人,或者前款规定的人无代管能力的,由人民法院指定的人代管。

第四十三条 【财产代管人的职责】财产代管人应当妥善管理失踪人的财产,维护其财产权益。

失踪人所欠税款、债务和应付的其他费用,由财产代管人从失踪人的财产中支付。

财产代管人因故意或者重大过失造成失踪人财产损失的,应当承担赔偿责任。

第四十四条 【财产代管人的变更】财产代管人不履行代管职责、侵害失踪人财产权益或者丧失代管能力的,失踪人的利害关系人可以向人民法院申请变更财产代管人。

财产代管人有正当理由的,可以向人民法院申请变更财产代管人。

人民法院变更财产代管人的,变更后的财产代管人有权请求原财产代管人及时移交有关财产并报告财产代管情况。

第四十五条 【失踪宣告的撤销】失踪人重新出现,经本人或者利害关系人申请,人民法院应当撤销失踪宣告。

失踪人重新出现,有权请求财产代管人及时移交有关财产并报告财产代管情况。

第四十六条 【宣告死亡的条件】自然人有下列情形之一的,利害关系人可以向人民法院申请宣告该自然人死亡:

(一)下落不明满四年;

(二)因意外事件,下落不明满二年。

因意外事件下落不明,经有关机关证明该自然人不可能生存的,申请宣告死亡不受二年时间的限制。

第四十七条 【宣告死亡的优先适用】对同一自然人,有的利害关系人申请宣告死亡,有的利害关系人申请宣告失踪,符合本法规定的宣告死亡条件的，人民法院应当宣告死亡。

第四十八条　【被宣告死亡的人死亡日期的确定】被宣告死亡的人，人民法院宣告死亡的判决作出之日视为其死亡的日期；因意外事件下落不明宣告死亡的，意外事件发生之日视为其死亡的日期。

第四十九条　【被宣告死亡期间的民事法律行为效力】自然人被宣告死亡但是并未死亡的，不影响该自然人在被宣告死亡期间实施的民事法律行为的效力。

第五十条　【死亡宣告的撤销】被宣告死亡的人重新出现，经本人或者利害关系人申请，人民法院应当撤销死亡宣告。

第五十一条　【宣告死亡、撤销死亡宣告对婚姻关系的影响】被宣告死亡的人的婚姻关系，自死亡宣告之日起消除。死亡宣告被撤销的，婚姻关系自撤销死亡宣告之日起自行恢复。但是，其配偶再婚或者向婚姻登记机关书面声明不愿意恢复的除外。

第五十二条　【撤销死亡宣告对收养关系的影响】被宣告死亡的人在被宣告死亡期间，其子女被他人依法收养的，在死亡宣告被撤销后，不得以未经本人同意为由主张收养行为无效。

第五十三条　【死亡宣告撤销后的财产返还】被撤销死亡宣告的人有权请求依照本法第六编取得其财产的民事主体返还财产；无法返还的，应当给予适当补偿。

利害关系人隐瞒真实情况，致使他人被宣告死亡而取得其财产的，除应当返还财产外，还应当对由此造成的损失承担赔偿责任。

第四节　个体工商户和农村承包经营户

第五十四条　【个体工商户的定义】自然人从事工商业经营，经依法登记，为个体工商户。个体工商户可以起字号。

第五十五条　【农村承包经营户的定义】农村集体经济组织的成员，依法取得农村土地承包经营权，从事家庭承包经营的，为农村承包经营户。

第五十六条　【债务承担规则】个体工商户的债务，个人经营的，以个人财产承担；家庭经营的，以家庭财产承担；无法区分的，以家庭财产承担。

农村承包经营户的债务，以从事农村土地承包经营的农户财产承担；事实上由农户部分成员经营的,以该部分成员的财产承担。

第五章 民事权利

第一百零九条 【人身自由、人格尊严受法律保护】自然人的人身自由、人格尊严受法律保护。

第一百一十条 【民事主体的人格权】自然人享有生命权、身体权、健康权、姓名权、肖像权、名誉权、荣誉权、隐私权、婚姻自主权等权利。

法人、非法人组织享有名称权、名誉权和荣誉权。

第一百一十一条 【个人信息受法律保护】自然人的个人信息受法律保护。任何组织或者个人需要获取他人个人信息的,应当依法取得并确保信息安全,不得非法收集、使用、加工、传输他人个人信息,不得非法买卖、提供或者公开他人个人信息。

第一百一十二条 【因婚姻、家庭关系等产生的人身权利受保护】自然人因婚姻家庭关系等产生的人身权利受法律保护。

第一百一十三条 【财产权利平等保护】民事主体的财产权利受法律平等保护。

第一百一十四条 【物权的定义及类型】民事主体依法享有物权。

物权是权利人依法对特定的物享有直接支配和排他的权利,包括所有权、用益物权和担保物权。

第一百一十五条 【物权客体】物包括不动产和动产。法律规定权利作为物权客体的,依照其规定。

第一百一十六条 【物权法定原则】物权的种类和内容,由法律规定。

第一百一十七条 【征收、征用】为了公共利益的需要,依照法律规定的权限和程序征收、征用不动产或者动产的,应当给予公平、合理的补偿。

第一百一十八条 【债权的定义】民事主体依法享有债权。

债权是因合同、侵权行为、无因管理、不当得利以及法律的其他规定,权利人请求特定义务人为或者不为一定行为的权利。

第一百一十九条 【合同的约束力】依法成立的合同,对当事人具有法律约束力。

第一百二十条 【侵权责任的承担】民事权益受到侵害的,被侵权人有权请求侵权人承担侵权责任。

第一百二十一条 【无因管理】没有法定的或者约定的义务,为避免他人利益受损失而进行管理的人,有权请求受益人偿还由此支出的必要费用。

第一百二十二条 【不当得利】因他人没有法律根据,取得不当利益,受损失的人有权请求其返还不当利益。

第一百二十三条 【知识产权的定义】民事主体依法享有知识产权。

知识产权是权利人依法就下列客体享有的专有的权利:

(一)作品;

(二)发明、实用新型、外观设计;

(三)商标;

(四)地理标志;

(五)商业秘密;

(六)集成电路布图设计;

(七)植物新品种;

(八)法律规定的其他客体。

第一百二十四条 【继承权】自然人依法享有继承权。

自然人合法的私有财产,可以依法继承。

第一百二十五条 【投资性权利】民事主体依法享有股权和其他投资性权利。

第一百二十六条 【其他民事权益】民事主体享有法律规定的其他民事权利和利益。

第一百二十七条 【数据、网络虚拟财产的保护】法律对数据、网络虚拟财产的保护有规定的,依照其规定。

第一百二十八条 【民事权利的特别保护】法律对未成年人、老年人、残疾人、妇女、消费者等的民事权利保护有特别规定的,依照其规定。

第一百二十九条 【民事权利的取得方式】民事权利可以依据民事法律行为、事实行为、法律规定的事件或者法律规定的其他方式取得。

第一百三十条 【按照自己的意愿依法行使民事权利】民事主体按照自己的意愿依法行使民事权利,不受干涉。

第一百三十一条 【权利义务一致】民事主体行使权利时,应当履行法律规定的和当事人约定的义务。

第一百三十二条　【不得滥用民事权利】民事主体不得滥用民事权利损害国家利益、社会公共利益或者他人合法权益。

第六章　民事法律行为

第一节　一般规定

第一百三十三条　【民事法律行为的定义】民事法律行为是民事主体通过意思表示设立、变更、终止民事法律关系的行为。

第一百三十四条　【民事法律行为的成立】民事法律行为可以基于双方或者多方的意思表示一致成立，也可以基于单方的意思表示成立。

法人、非法人组织依照法律或者章程规定的议事方式和表决程序作出决议的，该决议行为成立。

第一百三十五条　【民事法律行为的形式】民事法律行为可以采用书面形式、口头形式或者其他形式；法律、行政法规规定或者当事人约定采用特定形式的，应当采用特定形式。

第一百三十六条　【民事法律行为的生效时间】民事法律行为自成立时生效，但是法律另有规定或者当事人另有约定的除外。

行为人非依法律规定或者未经对方同意，不得擅自变更或者解除民事法律行为。

第二节　意思表示

第一百三十七条　【有相对人的意思表示生效时间】以对话方式作出的意思表示，相对人知道其内容时生效。

以非对话方式作出的意思表示，到达相对人时生效。以非对话方式作出的采用数据电文形式的意思表示，相对人指定特定系统接收数据电文的，该数据电文进入该特定系统时生效；未指定特定系统的，相对人知道或者应当知道该数据电文进入其系统时生效。当事人对采用数据电文形式的意思表示的生效时间另有约定的，按照其约定。

第一百三十八条 【无相对人的意思表示生效时间】无相对人的意思表示，表示完成时生效。法律另有规定的，依照其规定。

第一百三十九条 【以公告方式作出的意思表示生效时间】以公告方式作出的意思表示，公告发布时生效。

第一百四十条 【意思表示的作出方式】行为人可以明示或者默示作出意思表示。

沉默只有在有法律规定、当事人约定或者符合当事人之间的交易习惯时，才可以视为意思表示。

第一百四十一条 【意思表示的撤回】行为人可以撤回意思表示。撤回意思表示的通知应当在意思表示到达相对人前或者与意思表示同时到达相对人。

第一百四十二条 【意思表示的解释】有相对人的意思表示的解释，应当按照所使用的词句，结合相关条款、行为的性质和目的、习惯以及诚信原则，确定意思表示的含义。

无相对人的意思表示的解释，不能完全拘泥于所使用的词句，而应当结合相关条款、行为的性质和目的、习惯以及诚信原则，确定行为人的真实意思。

第三节 民事法律行为的效力

第一百四十三条 【民事法律行为有效的条件】具备下列条件的民事法律行为有效：

（一）行为人具有相应的民事行为能力；

（二）意思表示真实；

（三）不违反法律、行政法规的强制性规定，不违背公序良俗。

第一百四十四条 【无民事行为能力人实施的民事法律行为的效力】无民事行为能力人实施的民事法律行为无效。

第一百四十五条 【限制民事行为能力人实施的民事法律行为的效力】限制民事行为能力人实施的纯获利益的民事法律行为或者与其年龄、智力、精神健康状况相适应的民事法律行为有效；实施的其他民事法律行为经法定代理人同意或者追认后有效。

相对人可以催告法定代理人自收到通知之日起三十日内予以追认。法定代理人未作表示的,视为拒绝追认。民事法律行为被追认前,善意相对人有撤销的权利。撤销应当以通知的方式作出。

第一百四十六条 【虚假表示与隐藏行为的效力】行为人与相对人以虚假的意思表示实施的民事法律行为无效。

以虚假的意思表示隐藏的民事法律行为的效力,依照有关法律规定处理。

第一百四十七条 【基于重大误解实施的民事法律行为的效力】基于重大误解实施的民事法律行为,行为人有权请求人民法院或者仲裁机构予以撤销。

第一百四十八条 【以欺诈手段实施的民事法律行为的效力】一方以欺诈手段,使对方在违背真实意思的情况下实施的民事法律行为,受欺诈方有权请求人民法院或者仲裁机构予以撤销。

第一百四十九条 【受第三人欺诈的民事法律行为的效力】第三人实施欺诈行为,使一方在违背真实意思的情况下实施的民事法律行为,对方知道或者应当知道该欺诈行为的,受欺诈方有权请求人民法院或者仲裁机构予以撤销。

第一百五十条 【以胁迫手段实施的民事法律行为的效力】一方或者第三人以胁迫手段,使对方在违背真实意思的情况下实施的民事法律行为,受胁迫方有权请求人民法院或者仲裁机构予以撤销。

第一百五十一条 【显失公平的民事法律行为的效力】一方利用对方处于危困状态、缺乏判断能力等情形,致使民事法律行为成立时显失公平的,受损害方有权请求人民法院或者仲裁机构予以撤销。

第一百五十二条 【撤销权的消灭】有下列情形之一的,撤销权消灭:

(一)当事人自知道或者应当知道撤销事由之日起一年内、重大误解的当事人自知道或者应当知道撤销事由之日起九十日内没有行使撤销权;

(二)当事人受胁迫,自胁迫行为终止之日起一年内没有行使撤销权;

(三)当事人知道撤销事由后明确表示或者以自己的行为表明放弃撤销权。

当事人自民事法律行为发生之日起五年内没有行使撤销权的,撤销权消灭。

第一百五十三条 【违反强制性规定及违背公序良俗的民事法律行为的效力】违反法律、行政法规的强制性规定的民事法律行为无效。但是,该强制性规定不导致该民事法律行为无效的除外。

违背公序良俗的民事法律行为无效。

第一百五十四条 【恶意串通的民事法律行为的效力】行为人与相对人恶意串通,损害他人合法权益的民事法律行为无效。

第一百五十五条 【无效、被撤销的民事法律行为自始无效】无效的或者被撤销的民事法律行为自始没有法律约束力。

第一百五十六条 【民事法律行为部分无效】民事法律行为部分无效,不影响其他部分效力的,其他部分仍然有效。

第一百五十七条 【民事法律行为无效、被撤销或确定不发生效力的法律后果】民事法律行为无效、被撤销或者确定不发生效力后,行为人因该行为取得的财产,应当予以返还;不能返还或者没有必要返还的,应当折价补偿。有过错的一方应当赔偿对方由此所受到的损失;各方都有过错的,应当各自承担相应的责任。法律另有规定的,依照其规定。

第四节 民事法律行为的附条件和附期限

第一百五十八条 【附条件的民事法律行为】民事法律行为可以附条件,但是根据其性质不得附条件的除外。附生效条件的民事法律行为,自条件成就时生效。附解除条件的民事法律行为,自条件成就时失效。

第一百五十九条 【条件成就和不成就的拟制】附条件的民事法律行为,当事人为自己的利益不正当地阻止条件成就的,视为条件已经成就;不正当地促成条件成就的,视为条件不成就。

第一百六十条 【附期限的民事法律行为】民事法律行为可以附期限,但是根据其性质不得附期限的除外。附生效期限的民事法律行为,自期限届至时生效。附终止期限的民事法律行为,自期限届满时失效。

第五编　婚姻家庭

第一章　一般规定

第一千零四十条　【婚姻家庭编的调整范围】本编调整因婚姻家庭产生的民事关系。

第一千零四十一条　【基本原则】婚姻家庭受国家保护。

实行婚姻自由、一夫一妻、男女平等的婚姻制度。

保护妇女、未成年人、老年人、残疾人的合法权益。

第一千零四十二条　【婚姻家庭的禁止性规定】禁止包办、买卖婚姻和其他干涉婚姻自由的行为。禁止借婚姻索取财物。

禁止重婚。禁止有配偶者与他人同居。

禁止家庭暴力。禁止家庭成员间的虐待和遗弃。

第一千零四十三条　【婚姻家庭的倡导性规定】家庭应当树立优良家风，弘扬家庭美德，重视家庭文明建设。

夫妻应当互相忠实，互相尊重，互相关爱；家庭成员应当敬老爱幼，互相帮助，维护平等、和睦、文明的婚姻家庭关系。

第一千零四十四条　【收养的基本原则】收养应当遵循最有利于被收养人的原则，保障被收养人和收养人的合法权益。

禁止借收养名义买卖未成年人。

第一千零四十五条　【亲属、近亲属及家庭成员】亲属包括配偶、血亲和姻亲。

配偶、父母、子女、兄弟姐妹、祖父母、外祖父母、孙子女、外孙子女为近亲属。

配偶、父母、子女和其他共同生活的近亲属为家庭成员。

第二章　结　婚

第一千零四十六条　【结婚自愿】结婚应当男女双方完全自愿，禁止任何一方对另一方加以强迫,禁止任何组织或者个人加以干涉。

第一千零四十七条 【法定结婚年龄】结婚年龄,男不得早于二十二周岁,女不得早于二十周岁。

第一千零四十八条 【禁止结婚的情形】直系血亲或者三代以内的旁系血亲禁止结婚。

第一千零四十九条 【结婚登记】要求结婚的男女双方应当亲自到婚姻登记机关申请结婚登记。符合本法规定的,予以登记,发给结婚证。完成结婚登记,即确立婚姻关系。未办理结婚登记的,应当补办登记。

第一千零五十条 【婚后双方互为家庭成员】登记结婚后,按照男女双方约定,女方可以成为男方家庭的成员,男方可以成为女方家庭的成员。

第一千零五十一条 【婚姻无效的情形】有下列情形之一的,婚姻无效:

(一)重婚;

(二)有禁止结婚的亲属关系;

(三)未到法定婚龄。

第一千零五十二条 【胁迫婚姻】因胁迫结婚的,受胁迫的一方可以向人民法院请求撤销婚姻。

请求撤销婚姻的,应当自胁迫行为终止之日起一年内提出。

被非法限制人身自由的当事人请求撤销婚姻的,应当自恢复人身自由之日起一年内提出。

第一千零五十三条 【隐瞒疾病的可撤销婚姻】一方患有重大疾病的,应当在结婚登记前如实告知另一方;不如实告知的,另一方可以向人民法院请求撤销婚姻。

请求撤销婚姻的,应当自知道或者应当知道撤销事由之日起一年内提出。

第一千零五十四条 【婚姻无效和被撤销的法律后果】无效的或者被撤销的婚姻自始没有法律约束力,当事人不具有夫妻的权利和义务。同居期间所得的财产,由当事人协议处理;协议不成的,由人民法院根据照顾无过错方的原则判决。对重婚导致的无效婚姻的财产处理,不得侵害合法婚姻当事人的财产权益。当事人所生的子女,适用本法关于父母子女的规定。

婚姻无效或者被撤销的,无过错方有权请求损害赔偿。

第三章　家庭关系

第一节　夫妻关系

第一千零五十五条　【夫妻地位平等】夫妻在婚姻家庭中地位平等。

第一千零五十六条　【夫妻姓名权】夫妻双方都有各自使用自己姓名的权利。

第一千零五十七条　【夫妻参加各种活动的自由】夫妻双方都有参加生产、工作、学习和社会活动的自由，一方不得对另一方加以限制或者干涉。

第一千零五十八条　【夫妻抚养、教育和保护子女的权利义务平等】夫妻双方平等享有对未成年子女抚养、教育和保护的权利，共同承担对未成年子女抚养、教育和保护的义务。

第一千零五十九条　【夫妻相互扶养义务】夫妻有相互扶养的义务。

需要扶养的一方，在另一方不履行扶养义务时，有要求其给付扶养费的权利。

第一千零六十条　【日常家事代理权】夫妻一方因家庭日常生活需要而实施的民事法律行为，对夫妻双方发生效力，但是夫妻一方与相对人另有约定的除外。

夫妻之间对一方可以实施的民事法律行为范围的限制，不得对抗善意相对人。

第一千零六十一条　【夫妻相互继承权】夫妻有相互继承遗产的权利。

第一千零六十二条　【夫妻共同财产】夫妻在婚姻关系存续期间所得的下列财产，为夫妻的共同财产，归夫妻共同所有：

（一）工资、奖金、劳务报酬；

（二）生产、经营、投资的收益；

（三）知识产权的收益；

（四）继承或者受赠的财产，但是本法第一千零六十三条第三项规定的除外；

（五）其他应当归共同所有的财产。

夫妻对共同财产,有平等的处理权。

第一千零六十三条　【夫妻个人财产】下列财产为夫妻一方的个人财产:

(一)一方的婚前财产;

(二)一方因受到人身损害获得的赔偿或者补偿;

(三)遗嘱或者赠与合同中确定只归一方的财产;

(四)一方专用的生活用品;

(五)其他应当归一方的财产。

第一千零六十四条　【夫妻共同债务】夫妻双方共同签名或者夫妻一方事后追认等共同意思表示所负的债务,以及夫妻一方在婚姻关系存续期间以个人名义为家庭日常生活需要所负的债务,属于夫妻共同债务。

夫妻一方在婚姻关系存续期间以个人名义超出家庭日常生活需要所负的债务,不属于夫妻共同债务;但是,债权人能够证明该债务用于夫妻共同生活、共同生产经营或者基于夫妻双方共同意思表示的除外。

第一千零六十五条　【夫妻约定财产制】男女双方可以约定婚姻关系存续期间所得的财产以及婚前财产归各自所有、共同所有或者部分各自所有、部分共同所有。约定应当采用书面形式。没有约定或者约定不明确的,适用本法第一千零六十二条、第一千零六十三条的规定。

夫妻对婚姻关系存续期间所得的财产以及婚前财产的约定,对双方具有法律约束力。

夫妻对婚姻关系存续期间所得的财产约定归各自所有,夫或者妻一方对外所负的债务,相对人知道该约定的,以夫或者妻一方的个人财产清偿。

第一千零六十六条　【婚姻关系存续期间夫妻共同财产的分割】婚姻关系存续期间,有下列情形之一的,夫妻一方可以向人民法院请求分割共同财产:

(一)一方有隐藏、转移、变卖、毁损、挥霍夫妻共同财产或者伪造夫妻共同债务等严重损害夫妻共同财产利益的行为;

(二)一方负有法定扶养义务的人患重大疾病需要医治,另一方不同意支付相关医疗费用。

第二节　父母子女关系和其他近亲属关系

第一千零六十七条　【父母的抚养义务和子女的赡养义务】父母不履行抚养义务的,未成年子女或者不能独立生活的成年子女,有要求父母给付抚养费的权利。

成年子女不履行赡养义务的,缺乏劳动能力或者生活困难的父母,有要求成年子女给付赡养费的权利。

第一千零六十八条　【父母教育、保护未成年子女的权利义务】父母有教育、保护未成年子女的权利和义务。未成年子女造成他人损害的,父母应当依法承担民事责任。

第一千零六十九条　【子女应尊重父母的婚姻权利】子女应当尊重父母的婚姻权利,不得干涉父母离婚、再婚以及婚后的生活。子女对父母的赡养义务,不因父母的婚姻关系变化而终止。

第一千零七十条　【父母子女相互继承权】父母和子女有相互继承遗产的权利。

第一千零七十一条　【非婚生子女的权利】非婚生子女享有与婚生子女同等的权利,任何组织或者个人不得加以危害和歧视。

不直接抚养非婚生子女的生父或者生母,应当负担未成年子女或者不能独立生活的成年子女的抚养费。

第一千零七十二条　【继父母与继子女间的权利义务关系】继父母与继子女间,不得虐待或者歧视。

继父或者继母和受其抚养教育的继子女间的权利义务关系,适用本法关于父母子女关系的规定。

第一千零七十三条　【亲子关系异议之诉】对亲子关系有异议且有正当理由的,父或者母可以向人民法院提起诉讼,请求确认或者否认亲子关系。

对亲子关系有异议且有正当理由的,成年子女可以向人民法院提起诉讼,请求确认亲子关系。

第一千零七十四条　【祖孙之间的抚养、赡养义务】有负担能力的祖父母、外祖父母,对于父母已经死亡或者父母无力抚养的未成年孙子女、外孙子女,有抚养的义务。

有负担能力的孙子女、外孙子女,对于子女已经死亡或者子女无力赡养的祖父母、外祖父母,有赡养的义务。

第一千零七十五条 【兄弟姐妹间的扶养义务】有负担能力的兄、姐,对于父母已经死亡或者父母无力抚养的未成年弟、妹,有扶养的义务。

由兄、姐扶养长大的有负担能力的弟、妹,对于缺乏劳动能力又缺乏生活来源的兄、姐,有扶养的义务。

第四章 离　　婚

第一千零七十六条 【协议离婚】夫妻双方自愿离婚的,应当签订书面离婚协议,并亲自到婚姻登记机关申请离婚登记。

离婚协议应当载明双方自愿离婚的意思表示和对子女抚养、财产以及债务处理等事项协商一致的意见。

第一千零七十七条 【离婚冷静期】自婚姻登记机关收到离婚登记申请之日起三十日内,任何一方不愿意离婚的,可以向婚姻登记机关撤回离婚登记申请。

前款规定期限届满后三十日内,双方应当亲自到婚姻登记机关申请发给离婚证;未申请的,视为撤回离婚登记申请。

第一千零七十八条 【离婚登记】婚姻登记机关查明双方确实是自愿离婚,并已经对子女抚养、财产以及债务处理等事项协商一致的,予以登记,发给离婚证。

第一千零七十九条 【诉讼离婚】夫妻一方要求离婚的,可以由有关组织进行调解或者直接向人民法院提起离婚诉讼。

人民法院审理离婚案件,应当进行调解;如果感情确已破裂,调解无效的,应当准予离婚。

有下列情形之一,调解无效的,应当准予离婚:

(一)重婚或者与他人同居;

(二)实施家庭暴力或者虐待、遗弃家庭成员;

(三)有赌博、吸毒等恶习屡教不改;

(四)因感情不和分居满二年;

(五)其他导致夫妻感情破裂的情形。

一方被宣告失踪,另一方提起离婚诉讼的,应当准予离婚。

经人民法院判决不准离婚后,双方又分居满一年,一方再次提起离婚诉讼的,应当准予离婚。

第一千零八十条 【婚姻关系解除时间】完成离婚登记,或者离婚判决书、调解书生效,即解除婚姻关系。

第一千零八十一条 【军婚的保护】现役军人的配偶要求离婚,应当征得军人同意,但是军人一方有重大过错的除外。

第一千零八十二条 【男方离婚诉权的限制】女方在怀孕期间、分娩后一年内或者终止妊娠后六个月内,男方不得提出离婚;但是,女方提出离婚或者人民法院认为确有必要受理男方离婚请求的除外。

第一千零八十三条 【复婚登记】离婚后,男女双方自愿恢复婚姻关系的,应当到婚姻登记机关重新进行结婚登记。

第一千零八十四条 【离婚后的父母子女关系】父母与子女间的关系,不因父母离婚而消除。离婚后,子女无论由父或者母直接抚养,仍是父母双方的子女。

离婚后,父母对于子女仍有抚养、教育、保护的权利和义务。

离婚后,不满两周岁的子女,以由母亲直接抚养为原则。已满两周岁的子女,父母双方对抚养问题协议不成的,由人民法院根据双方的具体情况,按照最有利于未成年子女的原则判决。子女已满八周岁的,应当尊重其真实意愿。

第一千零八十五条 【离婚后子女抚养费的负担】离婚后,子女由一方直接抚养的,另一方应当负担部分或者全部抚养费。负担费用的多少和期限的长短,由双方协议;协议不成的,由人民法院判决。

前款规定的协议或者判决,不妨碍子女在必要时向父母任何一方提出超过协议或者判决原定数额的合理要求。

第一千零八十六条 【父母的探望权】离婚后,不直接抚养子女的父或者母,有探望子女的权利,另一方有协助的义务。

行使探望权利的方式、时间由当事人协议;协议不成的,由人民法院判决。

父或者母探望子女,不利于子女身心健康的,由人民法院依法中止探望;中止的事由消失后,应当恢复探望。

第一千零八十七条　【离婚时夫妻共同财产的处理】离婚时,夫妻的共同财产由双方协议处理;协议不成的,由人民法院根据财产的具体情况,按照照顾子女、女方和无过错方权益的原则判决。

对夫或者妻在家庭土地承包经营中享有的权益等,应当依法予以保护。

第一千零八十八条　【离婚经济补偿】夫妻一方因抚育子女、照料老年人、协助另一方工作等负担较多义务的,离婚时有权向另一方请求补偿,另一方应当给予补偿。具体办法由双方协议;协议不成的,由人民法院判决。

第一千零八十九条　【离婚时夫妻共同债务清偿】离婚时,夫妻共同债务应当共同偿还。共同财产不足清偿或者财产归各自所有的,由双方协议清偿;协议不成的,由人民法院判决。

第一千零九十条　【离婚经济帮助】离婚时,如果一方生活困难,有负担能力的另一方应当给予适当帮助。具体办法由双方协议;协议不成的,由人民法院判决。

第一千零九十一条　【离婚损害赔偿】有下列情形之一,导致离婚的,无过错方有权请求损害赔偿:

(一)重婚;

(二)与他人同居;

(三)实施家庭暴力;

(四)虐待、遗弃家庭成员;

(五)有其他重大过错。

第一千零九十二条　【一方侵害夫妻共同财产的法律后果】夫妻一方隐藏、转移、变卖、毁损、挥霍夫妻共同财产,或者伪造夫妻共同债务企图侵占另一方财产的,在离婚分割夫妻共同财产时,对该方可以少分或者不分。离婚后,另一方发现有上述行为的,可以向人民法院提起诉讼,请求再次分割夫妻共同财产。

第五章 收 养

第一节 收养关系的成立

第一千零九十三条 【被收养人的范围】下列未成年人,可以被收养:
(一)丧失父母的孤儿;
(二)查找不到生父母的未成年人;
(三)生父母有特殊困难无力抚养的子女。

第一千零九十四条 【送养人的范围】下列个人、组织可以作送养人:
(一)孤儿的监护人;
(二)儿童福利机构;
(三)有特殊困难无力抚养子女的生父母。

第一千零九十五条 【监护人送养未成年人的特殊规定】未成年人的父母均不具备完全民事行为能力且可能严重危害该未成年人的,该未成年人的监护人可以将其送养。

第一千零九十六条 【监护人送养孤儿的特殊规定】监护人送养孤儿的,应当征得有抚养义务的人同意。有抚养义务的人不同意送养、监护人不愿意继续履行监护职责的,应当依照本法第一编的规定另行确定监护人。

第一千零九十七条 【生父母送养】生父母送养子女,应当双方共同送养。生父母一方不明或者查找不到的,可以单方送养。

第一千零九十八条 【收养人的条件】收养人应当同时具备下列条件:
(一)无子女或者只有一名子女;
(二)有抚养、教育和保护被收养人的能力;
(三)未患有在医学上认为不应当收养子女的疾病;
(四)无不利于被收养人健康成长的违法犯罪记录;
(五)年满三十周岁。

第一千零九十九条 【收养三代以内旁系同辈血亲子女的特殊规定】收养三代以内旁系同辈血亲的子女,可以不受本法第一千零九十三条第三项、第一千零九十四条第三项和第一千一百零二条规定的限制。

华侨收养三代以内旁系同辈血亲的子女,还可以不受本法第一千零九十八条第一项规定的限制。

第一千一百条　【收养子女的人数】无子女的收养人可以收养两名子女;有子女的收养人只能收养一名子女。

收养孤儿、残疾未成年人或者儿童福利机构抚养的查找不到生父母的未成年人,可以不受前款和本法第一千零九十八条第一项规定的限制。

第一千一百零一条　【共同收养】有配偶者收养子女,应当夫妻共同收养。

第一千一百零二条　【无配偶者收养异性子女】无配偶者收养异性子女的,收养人与被收养人的年龄应当相差四十周岁以上。

第一千一百零三条　【继父母收养继子女的特殊规定】继父或者继母经继子女的生父母同意,可以收养继子女,并可以不受本法第一千零九十三条第三项、第一千零九十四条第三项、第一千零九十八条和第一千一百条第一款规定的限制。

第一千一百零四条　【收养、送养自愿】收养人收养与送养人送养,应当双方自愿。收养八周岁以上未成年人的,应当征得被收养人的同意。

第一千一百零五条　【收养登记、收养公告、收养协议、收养公证、收养评估】收养应当向县级以上人民政府民政部门登记。收养关系自登记之日起成立。

收养查找不到生父母的未成年人的,办理登记的民政部门应当在登记前予以公告。

收养关系当事人愿意签订收养协议的,可以签订收养协议。

收养关系当事人各方或者一方要求办理收养公证的,应当办理收养公证。

县级以上人民政府民政部门应当依法进行收养评估。

第一千一百零六条　【被收养人户口登记】收养关系成立后,公安机关应当按照国家有关规定为被收养人办理户口登记。

第一千一百零七条　【抚养】孤儿或者生父母无力抚养的子女,可以由生父母的亲属、朋友抚养;抚养人与被抚养人的关系不适用本章规定。

第一千一百零八条　【抚养优先权】配偶一方死亡,另一方送养未成年子女的,死亡一方的父母有优先抚养的权利。

第一千一百零九条 【涉外收养】外国人依法可以在中华人民共和国收养子女。

外国人在中华人民共和国收养子女,应当经其所在国主管机关依照该国法律审查同意。收养人应当提供由其所在国有权机构出具的有关其年龄、婚姻、职业、财产、健康、有无受过刑事处罚等状况的证明材料,并与送养人签订书面协议,亲自向省、自治区、直辖市人民政府民政部门登记。

前款规定的证明材料应当经收养人所在国外交机关或者外交机关授权的机构认证,并经中华人民共和国驻该国使领馆认证,但是国家另有规定的除外。

第一千一百一十条 【收养保密义务】收养人、送养人要求保守收养秘密的,其他人应当尊重其意愿,不得泄露。

第二节 收养的效力

第一千一百一十一条 【收养效力】自收养关系成立之日起,养父母与养子女间的权利义务关系,适用本法关于父母子女关系的规定;养子女与养父母的近亲属间的权利义务关系,适用本法关于子女与父母的近亲属关系的规定。

养子女与生父母以及其他近亲属间的权利义务关系,因收养关系的成立而消除。

第一千一百一十二条 【养子女的姓氏】养子女可以随养父或者养母的姓氏,经当事人协商一致,也可以保留原姓氏。

第一千一百一十三条 【无效收养行为】有本法第一编关于民事法律行为无效规定情形或者违反本编规定的收养行为无效。

无效的收养行为自始没有法律约束力。

第三节 收养关系的解除

第一千一百一十四条 【当事人协议解除及因违法行为而解除】收养人在被收养人成年以前,不得解除收养关系,但是收养人、送养人双方协议解除的除外。养子女八周岁以上的,应当征得本人同意。

收养人不履行抚养义务，有虐待、遗弃等侵害未成年养子女合法权益行为的，送养人有权要求解除养父母与养子女间的收养关系。送养人、收养人不能达成解除收养关系协议的，可以向人民法院提起诉讼。

第一千一百一十五条　【关系恶化而协议解除】养父母与成年养子女关系恶化、无法共同生活的，可以协议解除收养关系。不能达成协议的，可以向人民法院提起诉讼。

第一千一百一十六条　【解除收养关系登记】当事人协议解除收养关系的，应当到民政部门办理解除收养关系登记。

第一千一百一十七条　【解除收养关系后的身份效力】收养关系解除后，养子女与养父母以及其他近亲属间的权利义务关系即行消除，与生父母以及其他近亲属间的权利义务关系自行恢复。但是，成年养子女与生父母以及其他近亲属间的权利义务关系是否恢复，可以协商确定。

第一千一百一十八条　【解除收养关系后的财产效力】收养关系解除后，经养父母抚养的成年养子女，对缺乏劳动能力又缺乏生活来源的养父母，应当给付生活费。因养子女成年后虐待、遗弃养父母而解除收养关系的，养父母可以要求养子女补偿收养期间支出的抚养费。

生父母要求解除收养关系的，养父母可以要求生父母适当补偿收养期间支出的抚养费；但是，因养父母虐待、遗弃养子女而解除收养关系的除外。

第六编　继　　承

第一章　一　般　规　定

第一千一百一十九条　【继承编的调整范围】本编调整因继承产生的民事关系。

第一千一百二十条　【继承权受国家保护】国家保护自然人的继承权。

第一千一百二十一条　【继承开始的时间及死亡先后的推定】继承从被继承人死亡时开始。

相互有继承关系的数人在同一事件中死亡，难以确定死亡时间的，推定没有其他继承人的人先死亡。都有其他继承人，辈份不同的，推定长辈先死亡;辈份相同的,推定同时死亡,相互不发生继承。

第一千一百二十二条 【遗产的定义】遗产是自然人死亡时遗留的个人合法财产。

依照法律规定或者根据其性质不得继承的遗产,不得继承。

第一千一百二十三条 【法定继承、遗嘱继承、遗赠和遗赠扶养协议的效力】继承开始后,按照法定继承办理;有遗嘱的,按照遗嘱继承或者遗赠办理;有遗赠扶养协议的,按照协议办理。

第一千一百二十四条 【继承的接受和放弃】继承开始后,继承人放弃继承的,应当在遗产处理前,以书面形式作出放弃继承的表示;没有表示的,视为接受继承。

受遗赠人应当在知道受遗赠后六十日内,作出接受或者放弃受遗赠的表示;到期没有表示的,视为放弃受遗赠。

第一千一百二十五条 【继承权的丧失和恢复】继承人有下列行为之一的,丧失继承权:

(一)故意杀害被继承人;

(二)为争夺遗产而杀害其他继承人;

(三)遗弃被继承人,或者虐待被继承人情节严重;

(四)伪造、篡改、隐匿或者销毁遗嘱,情节严重;

(五)以欺诈、胁迫手段迫使或者妨碍被继承人设立、变更或者撤回遗嘱,情节严重。

继承人有前款第三项至第五项行为,确有悔改表现,被继承人表示宽恕或者事后在遗嘱中将其列为继承人的,该继承人不丧失继承权。

受遗赠人有本条第一款规定行为的,丧失受遗赠权。

第二章 法定继承

第一千一百二十六条 【男女平等享有继承权】继承权男女平等。

第一千一百二十七条 【法定继承人的范围及继承顺序】遗产按照下列顺序继承:

(一)第一顺序:配偶、子女、父母;

(二)第二顺序:兄弟姐妹、祖父母、外祖父母。

继承开始后,由第一顺序继承人继承,第二顺序继承人不继承;没有第一顺序继承人继承的,由第二顺序继承人继承。

本编所称子女,包括婚生子女、非婚生子女、养子女和有扶养关系的继子女。

本编所称父母,包括生父母、养父母和有扶养关系的继父母。

本编所称兄弟姐妹,包括同父母的兄弟姐妹、同父异母或者同母异父的兄弟姐妹、养兄弟姐妹、有扶养关系的继兄弟姐妹。

第一千一百二十八条 【代位继承】被继承人的子女先于被继承人死亡的,由被继承人的子女的直系晚辈血亲代位继承。

被继承人的兄弟姐妹先于被继承人死亡的,由被继承人的兄弟姐妹的子女代位继承。

代位继承人一般只能继承被代位继承人有权继承的遗产份额。

第一千一百二十九条 【丧偶儿媳、丧偶女婿的继承权】丧偶儿媳对公婆,丧偶女婿对岳父母,尽了主要赡养义务的,作为第一顺序继承人。

第一千一百三十条 【遗产分配的原则】同一顺序继承人继承遗产的份额,一般应当均等。

对生活有特殊困难又缺乏劳动能力的继承人,分配遗产时,应当予以照顾。

对被继承人尽了主要扶养义务或者与被继承人共同生活的继承人,分配遗产时,可以多分。

有扶养能力和有扶养条件的继承人,不尽扶养义务的,分配遗产时,应当不分或者少分。

继承人协商同意的,也可以不均等。

第一千一百三十一条 【酌情分得遗产权】对继承人以外的依靠被继承人扶养的人,或者继承人以外的对被继承人扶养较多的人,可以分给适当的遗产。

第一千一百三十二条 【继承处理方式】继承人应当本着互谅互让、和睦团结的精神,协商处理继承问题。遗产分割的时间、办法和份额,由继承人协商确定;协商不成的,可以由人民调解委员会调解或者向人民法院提起诉讼。

第三章　遗嘱继承和遗赠

第一千一百三十三条　【遗嘱处分个人财产】自然人可以依照本法规定立遗嘱处分个人财产，并可以指定遗嘱执行人。

自然人可以立遗嘱将个人财产指定由法定继承人中的一人或者数人继承。

自然人可以立遗嘱将个人财产赠与国家、集体或者法定继承人以外的组织、个人。

自然人可以依法设立遗嘱信托。

第一千一百三十四条　【自书遗嘱】自书遗嘱由遗嘱人亲笔书写，签名，注明年、月、日。

第一千一百三十五条　【代书遗嘱】代书遗嘱应当有两个以上见证人在场见证，由其中一人代书，并由遗嘱人、代书人和其他见证人签名，注明年、月、日。

第一千一百三十六条　【打印遗嘱】打印遗嘱应当有两个以上见证人在场见证。遗嘱人和见证人应当在遗嘱每一页签名，注明年、月、日。

第一千一百三十七条　【录音录像遗嘱】以录音录像形式立的遗嘱，应当有两个以上见证人在场见证。遗嘱人和见证人应当在录音录像中记录其姓名或者肖像，以及年、月、日。

第一千一百三十八条　【口头遗嘱】遗嘱人在危急情况下，可以立口头遗嘱。口头遗嘱应当有两个以上见证人在场见证。危急情况消除后，遗嘱人能够以书面或者录音录像形式立遗嘱的，所立的口头遗嘱无效。

第一千一百三十九条　【公证遗嘱】公证遗嘱由遗嘱人经公证机构办理。

第一千一百四十条　【遗嘱见证人资格的限制性规定】下列人员不能作为遗嘱见证人：

（一）无民事行为能力人、限制民事行为能力人以及其他不具有见证能力的人；

（二）继承人、受遗赠人；

（三）与继承人、受遗赠人有利害关系的人。

第一千一百四十一条　【必留份】遗嘱应当为缺乏劳动能力又没有生活来源的继承人保留必要的遗产份额。

第一千一百四十二条　【遗嘱的撤回、变更以及遗嘱效力顺位】遗嘱人可以撤回、变更自己所立的遗嘱。

立遗嘱后，遗嘱人实施与遗嘱内容相反的民事法律行为的，视为对遗嘱相关内容的撤回。

立有数份遗嘱，内容相抵触的，以最后的遗嘱为准。

第一千一百四十三条　【遗嘱的实质要件】无民事行为能力人或者限制民事行为能力人所立的遗嘱无效。

遗嘱必须表示遗嘱人的真实意思，受欺诈、胁迫所立的遗嘱无效。

伪造的遗嘱无效。

遗嘱被篡改的，篡改的内容无效。

第一千一百四十四条　【附义务遗嘱】遗嘱继承或者遗赠附有义务的，继承人或者受遗赠人应当履行义务。没有正当理由不履行义务的，经利害关系人或者有关组织请求，人民法院可以取消其接受附义务部分遗产的权利。

第四章　遗产的处理

第一千一百四十五条　【遗产管理人的选任】继承开始后，遗嘱执行人为遗产管理人；没有遗嘱执行人的，继承人应当及时推选遗产管理人；继承人未推选的，由继承人共同担任遗产管理人；没有继承人或者继承人均放弃继承的，由被继承人生前住所地的民政部门或者村民委员会担任遗产管理人。

第一千一百四十六条　【遗产管理人的指定】对遗产管理人的确定有争议的，利害关系人可以向人民法院申请指定遗产管理人。

第一千一百四十七条　【遗产管理人的职责】遗产管理人应当履行下列职责：

（一）清理遗产并制作遗产清单；

（二）向继承人报告遗产情况；

（三）采取必要措施防止遗产毁损、灭失；

（四）处理被继承人的债权债务；

（五）按照遗嘱或者依照法律规定分割遗产；

(六)实施与管理遗产有关的其他必要行为。

第一千一百四十八条 【遗产管理人未尽职责的民事责任】遗产管理人应当依法履行职责,因故意或者重大过失造成继承人、受遗赠人、债权人损害的,应当承担民事责任。

第一千一百四十九条 【遗产管理人的报酬】遗产管理人可以依照法律规定或者按照约定获得报酬。

第一千一百五十条 【继承开始后的通知】继承开始后,知道被继承人死亡的继承人应当及时通知其他继承人和遗嘱执行人。继承人中无人知道被继承人死亡或者知道被继承人死亡而不能通知的,由被继承人生前所在单位或者住所地的居民委员会、村民委员会负责通知。

第一千一百五十一条 【遗产的保管】存有遗产的人,应当妥善保管遗产,任何组织或者个人不得侵吞或者争抢。

第一千一百五十二条 【转继承】继承开始后,继承人于遗产分割前死亡,并没有放弃继承的,该继承人应当继承的遗产转给其继承人,但是遗嘱另有安排的除外。

第一千一百五十三条 【遗产的认定】夫妻共同所有的财产,除有约定的外,遗产分割时,应当先将共同所有的财产的一半分出为配偶所有,其余的为被继承人的遗产。

遗产在家庭共有财产之中的,遗产分割时,应当先分出他人的财产。

第一千一百五十四条 【法定继承的适用范围】有下列情形之一的,遗产中的有关部分按照法定继承办理:

(一)遗嘱继承人放弃继承或者受遗赠人放弃受遗赠;

(二)遗嘱继承人丧失继承权或者受遗赠人丧失受遗赠权;

(三)遗嘱继承人、受遗赠人先于遗嘱人死亡或者终止;

(四)遗嘱无效部分所涉及的遗产;

(五)遗嘱未处分的遗产。

第一千一百五十五条 【胎儿预留份】遗产分割时,应当保留胎儿的继承份额。胎儿娩出时是死体的,保留的份额按照法定继承办理。

第一千一百五十六条 【遗产分割的原则和方法】遗产分割应当有利于生产和生活需要,不损害遗产的效用。

不宜分割的遗产,可以采取折价、适当补偿或者共有等方法处理。

第一千一百五十七条 【再婚时对所继承遗产的处分权】夫妻一方死亡后另一方再婚的,有权处分所继承的财产,任何组织或者个人不得干涉。

第一千一百五十八条 【遗赠扶养协议】自然人可以与继承人以外的组织或者个人签订遗赠扶养协议。按照协议,该组织或者个人承担该自然人生养死葬的义务,享有受遗赠的权利。

第一千一百五十九条 【遗产分割时的义务】分割遗产,应当清偿被继承人依法应当缴纳的税款和债务;但是,应当为缺乏劳动能力又没有生活来源的继承人保留必要的遗产。

第一千一百六十条 【无人继承遗产的归属】无人继承又无人受遗赠的遗产,归国家所有,用于公益事业;死者生前是集体所有制组织成员的,归所在集体所有制组织所有。

第一千一百六十一条 【被继承人税款、债务清偿的原则】继承人以所得遗产实际价值为限清偿被继承人依法应当缴纳的税款和债务。超过遗产实际价值部分,继承人自愿偿还的不在此限。

继承人放弃继承的,对被继承人依法应当缴纳的税款和债务可以不负清偿责任。

第一千一百六十二条 【清偿被继承人税款、债务优先于执行遗赠的原则】执行遗赠不得妨碍清偿遗赠人依法应当缴纳的税款和债务。

第一千一百六十三条 【既有法定继承又有遗嘱继承、遗赠时税款和债务的清偿】既有法定继承又有遗嘱继承、遗赠的,由法定继承人清偿被继承人依法应当缴纳的税款和债务;超过法定继承遗产实际价值部分,由遗嘱继承人和受遗赠人按比例以所得遗产清偿。

最高人民法院关于适用《中华人民共和国民法典》婚姻家庭编的解释(一)

(2020年12月25日最高人民法院审判委员会第1825次会议通过 2020年12月29日公布 法释〔2020〕22号 自2021年1月1日起施行)

为正确审理婚姻家庭纠纷案件,根据《中华人民共和国民法典》《中华人民共和国民事诉讼法》等相关法律规定,结合审判实践,制定本解释。

一、一般规定

第一条 持续性、经常性的家庭暴力,可以认定为民法典第一千零四十二条、第一千零七十九条、第一千零九十一条所称的"虐待"。

第二条 民法典第一千零四十二条、第一千零七十九条、第一千零九十一条规定的"与他人同居"的情形,是指有配偶者与婚外异性,不以夫妻名义,持续、稳定地共同居住。

第三条 当事人提起诉讼仅请求解除同居关系的,人民法院不予受理;已经受理的,裁定驳回起诉。

当事人因同居期间财产分割或者子女抚养纠纷提起诉讼的,人民法院应当受理。

第四条 当事人仅以民法典第一千零四十三条为依据提起诉讼的,人民法院不予受理;已经受理的,裁定驳回起诉。

第五条 当事人请求返还按照习俗给付的彩礼的,如果查明属于以下情形,人民法院应当予以支持:

（一）双方未办理结婚登记手续；
（二）双方办理结婚登记手续但确未共同生活；
（三）婚前给付并导致给付人生活困难。
适用前款第二项、第三项的规定，应当以双方离婚为条件。

二、结　　婚

第六条　男女双方依据民法典第一千零四十九条规定补办结婚登记的，婚姻关系的效力从双方均符合民法典所规定的结婚的实质要件时起算。

第七条　未依据民法典第一千零四十九条规定办理结婚登记而以夫妻名义共同生活的男女，提起诉讼要求离婚的，应当区别对待：
（一）1994年2月1日民政部《婚姻登记管理条例》公布实施以前，男女双方已经符合结婚实质要件的，按事实婚姻处理。
（二）1994年2月1日民政部《婚姻登记管理条例》公布实施以后，男女双方符合结婚实质要件的，人民法院应当告知其补办结婚登记。未补办结婚登记的，依据本解释第三条规定处理。

第八条　未依据民法典第一千零四十九条规定办理结婚登记而以夫妻名义共同生活的男女，一方死亡，另一方以配偶身份主张享有继承权的，依据本解释第七条的原则处理。

第九条　有权依据民法典第一千零五十一条规定向人民法院就已办理结婚登记的婚姻请求确认婚姻无效的主体，包括婚姻当事人及利害关系人。其中，利害关系人包括：
（一）以重婚为由的，为当事人的近亲属及基层组织；
（二）以未到法定婚龄为由的，为未到法定婚龄者的近亲属；
（三）以有禁止结婚的亲属关系为由的，为当事人的近亲属。

第十条　当事人依据民法典第一千零五十一条规定向人民法院请求确认婚姻无效，法定的无效婚姻情形在提起诉讼时已经消失的，人民法院不予支持。

第十一条　人民法院受理请求确认婚姻无效案件后，原告申请撤诉的，不予准许。
对婚姻效力的审理不适用调解，应当依法作出判决。

涉及财产分割和子女抚养的,可以调解。调解达成协议的,另行制作调解书;未达成调解协议的,应当一并作出判决。

第十二条 人民法院受理离婚案件后,经审理确属无效婚姻的,应当将婚姻无效的情形告知当事人,并依法作出确认婚姻无效的判决。

第十三条 人民法院就同一婚姻关系分别受理了离婚和请求确认婚姻无效案件的,对于离婚案件的审理,应当待请求确认婚姻无效案件作出判决后进行。

第十四条 夫妻一方或者双方死亡后,生存一方或者利害关系人依据民法典第一千零五十一条的规定请求确认婚姻无效的,人民法院应当受理。

第十五条 利害关系人依据民法典第一千零五十一条的规定,请求人民法院确认婚姻无效的,利害关系人为原告,婚姻关系当事人双方为被告。

夫妻一方死亡的,生存一方为被告。

第十六条 人民法院审理重婚导致的无效婚姻案件时,涉及财产处理的,应当准许合法婚姻当事人作为有独立请求权的第三人参加诉讼。

第十七条 当事人以民法典第一千零五十一条规定的三种无效婚姻以外的情形请求确认婚姻无效的,人民法院应当判决驳回当事人的诉讼请求。

当事人以结婚登记程序存在瑕疵为由提起民事诉讼,主张撤销结婚登记的,告知其可以依法申请行政复议或者提起行政诉讼。

第十八条 行为人以给另一方当事人或者其近亲属的生命、身体、健康、名誉、财产等方面造成损害为要挟,迫使另一方当事人违背真实意愿结婚的,可以认定为民法典第一千零五十二条所称的"胁迫"。

因受胁迫而请求撤销婚姻的,只能是受胁迫一方的婚姻关系当事人本人。

第十九条 民法典第一千零五十二条规定的"一年",不适用诉讼时效中止、中断或者延长的规定。

受胁迫或者被非法限制人身自由的当事人请求撤销婚姻的,不适用民法典第一百五十二条第二款的规定。

第二十条 民法典第一千零五十四条所规定的"自始没有法律约束力",是指无效婚姻或者可撤销婚姻在依法被确认无效或者被撤销时,才确定该婚姻自始不受法律保护。

第二十一条 人民法院根据当事人的请求,依法确认婚姻无效或者撤销婚姻的,应当收缴双方的结婚证书并将生效的判决书寄送当地婚姻登记管理机关。

第二十二条 被确认无效或者被撤销的婚姻,当事人同居期间所得的财产,除有证据证明为当事人一方所有的以外,按共同共有处理。

三、夫妻关系

第二十三条 夫以妻擅自中止妊娠侵犯其生育权为由请求损害赔偿的,人民法院不予支持;夫妻双方因是否生育发生纠纷,致使感情确已破裂,一方请求离婚的,人民法院经调解无效,应依照民法典第一千零七十九条第三款第五项的规定处理。

第二十四条 民法典第一千零六十二条第一款第三项规定的"知识产权的收益",是指婚姻关系存续期间,实际取得或者已经明确可以取得的财产性收益。

第二十五条 婚姻关系存续期间,下列财产属于民法典第一千零六十二条规定的"其他应当归共同所有的财产":

(一)一方以个人财产投资取得的收益;
(二)男女双方实际取得或者应当取得的住房补贴、住房公积金;
(三)男女双方实际取得或者应当取得的基本养老金、破产安置补偿费。

第二十六条 夫妻一方个人财产在婚后产生的收益,除孳息和自然增值外,应认定为夫妻共同财产。

第二十七条 由一方婚前承租、婚后用共同财产购买的房屋,登记在一方名下的,应当认定为夫妻共同财产。

第二十八条 一方未经另一方同意出售夫妻共同所有的房屋,第三人善意购买、支付合理对价并已办理不动产登记,另一方主张追回该房屋的,人民法院不予支持。

夫妻一方擅自处分共同所有的房屋造成另一方损失,离婚时另一方请求赔偿损失的,人民法院应予支持。

第二十九条 当事人结婚前,父母为双方购置房屋出资的,该出资应当认定为对自己子女个人的赠与,但父母明确表示赠与双方的除外。

当事人结婚后,父母为双方购置房屋出资的,依照约定处理;没有约定或者约定不明确的，按照民法典第一千零六十二条第一款第四项规定的原则处理。

第三十条 军人的伤亡保险金、伤残补助金、医药生活补助费属于个人财产。

第三十一条 民法典第一千零六十三条规定为夫妻一方的个人财产，不因婚姻关系的延续而转化为夫妻共同财产。但当事人另有约定的除外。

第三十二条 婚前或者婚姻关系存续期间，当事人约定将一方所有的房产赠与另一方或者共有，赠与方在赠与房产变更登记之前撤销赠与，另一方请求判令继续履行的，人民法院可以按照民法典第六百五十八条的规定处理。

第三十三条 债权人就一方婚前所负个人债务向债务人的配偶主张权利的，人民法院不予支持。但债权人能够证明所负债务用于婚后家庭共同生活的除外。

第三十四条 夫妻一方与第三人串通，虚构债务，第三人主张该债务为夫妻共同债务的，人民法院不予支持。

夫妻一方在从事赌博、吸毒等违法犯罪活动中所负债务，第三人主张该债务为夫妻共同债务的，人民法院不予支持。

第三十五条 当事人的离婚协议或者人民法院生效判决、裁定、调解书已经对夫妻财产分割问题作出处理的，债权人仍有权就夫妻共同债务向男女双方主张权利。

一方就夫妻共同债务承担清偿责任后，主张由另一方按照离婚协议或者人民法院的法律文书承担相应债务的，人民法院应予支持。

第三十六条 夫或者妻一方死亡的，生存一方应当对婚姻关系存续期间的夫妻共同债务承担清偿责任。

第三十七条 民法典第一千零六十五条第三款所称"相对人知道该约定的"，夫妻一方对此负有举证责任。

第三十八条 婚姻关系存续期间，除民法典第一千零六十六条规定情形以外，夫妻一方请求分割共同财产的，人民法院不予支持。

四、父母子女关系

第三十九条 父或者母向人民法院起诉请求否认亲子关系，并已提供必要证据予以证明,另一方没有相反证据又拒绝做亲子鉴定的,人民法院可以认定否认亲子关系一方的主张成立。

父或者母以及成年子女起诉请求确认亲子关系,并提供必要证据予以证明,另一方没有相反证据又拒绝做亲子鉴定的,人民法院可以认定确认亲子关系一方的主张成立。

第四十条 婚姻关系存续期间,夫妻双方一致同意进行人工授精,所生子女应视为婚生子女,父母子女间的权利义务关系适用民法典的有关规定。

第四十一条 尚在校接受高中及其以下学历教育,或者丧失、部分丧失劳动能力等非因主观原因而无法维持正常生活的成年子女,可以认定为民法典第一千零六十七条规定的"不能独立生活的成年子女"。

第四十二条 民法典第一千零六十七条所称"抚养费",包括子女生活费、教育费、医疗费等费用。

第四十三条 婚姻关系存续期间,父母双方或者一方拒不履行抚养子女义务,未成年子女或不能独立生活的成年子女请求支付抚养费的,人民法院应予支持。

第四十四条 离婚案件涉及未成年子女抚养的,对不满两周岁的子女,按照民法典第一千零八十四条第三款规定的原则处理。母亲有下列情形之一,父亲请求直接抚养的,人民法院应予支持:

(一)患有久治不愈的传染性疾病或者其他严重疾病,子女不宜与其共同生活;

(二)有抚养条件不尽抚养义务,而父亲要求子女随其生活的;

(三)因其他原因,子女确不宜随母亲生活。

第四十五条 父母双方协议不满两周岁子女由父亲直接抚养,并对子女健康成长无不利影响的,人民法院应予支持。

第四十六条 对已满两周岁的未成年子女,父母均要求直接抚养,一方有下列情形之一的,可予优先考虑:

(一)已做绝育手术或者因其他原因丧失生育能力的;

(二)子女随其生活时间较长,改变生活环境对子女健康成长明显不利的;

(三)无其他子女,而另一方有其他子女的;

(四)子女随其生活,对子女成长有利,而另一方患有久治不愈的传染性疾病或者其他严重疾病,或者有其他不利于子女身心健康的情形,不宜与子女共同生活。

第四十七条 父母抚养子女的条件基本相同,双方均要求直接抚养子女,但子女单独随祖父母或者外祖父母共同生活多年,且祖父母或者外祖父母要求并且有能力帮助子女照顾孙子女或者外孙子女的,可以作为父或者母直接抚养子女的优先条件予以考虑。

第四十八条 在有利于保护子女利益的前提下,父母双方协议轮流直接抚养子女的,人民法院应予支持。

第四十九条 抚养费的数额,可以根据子女的实际需要、父母双方的负担能力和当地的实际生活水平确定。

有固定收入的,抚养费一般可以按其月总收入的百分之二十至三十的比例给付。负担两个以上子女抚养费的,比例可以适当提高,但一般不得超过月总收入的百分之五十。

无固定收入的,抚养费的数额可以依据当年总收入或者同行业平均收入,参照上述比例确定。

有特殊情况的,可以适当提高或者降低上述比例。

第五十条 抚养费应当定期给付,有条件的可以一次性给付。

第五十一条 父母一方无经济收入或者下落不明的,可以用其财物折抵抚养费。

第五十二条 父母双方可以协议由一方直接抚养子女并由直接抚养方负担子女全部抚养费。但是,直接抚养方的抚养能力明显不能保障子女所需费用,影响子女健康成长的,人民法院不予支持。

第五十三条 抚养费的给付期限,一般至子女十八周岁为止。

十六周岁以上不满十八周岁,以其劳动收入为主要生活来源,并能维持当地一般生活水平的,父母可以停止给付抚养费。

第五十四条 生父与继母离婚或者生母与继父离婚时,对曾受其抚养教育的继子女,继父或者继母不同意继续抚养的,仍应由生父或者生母抚养。

第五十五条 离婚后,父母一方要求变更子女抚养关系的,或者子女要求增加抚养费的,应当另行提起诉讼。

第五十六条 具有下列情形之一,父母一方要求变更子女抚养关系的,人民法院应予支持:

(一)与子女共同生活的一方因患严重疾病或者因伤残无力继续抚养

子女；

（二）与子女共同生活的一方不尽抚养义务或有虐待子女行为，或者其与子女共同生活对子女身心健康确有不利影响；

（三）已满八周岁的子女，愿随另一方生活，该方又有抚养能力；

（四）有其他正当理由需要变更。

第五十七条 父母双方协议变更子女抚养关系的，人民法院应予支持。

第五十八条 具有下列情形之一，子女要求有负担能力的父或者母增加抚养费的，人民法院应予支持：

（一）原定抚养费数额不足以维持当地实际生活水平；

（二）因子女患病、上学，实际需要已超过原定数额；

（三）有其他正当理由应当增加。

第五十九条 父母不得因子女变更姓氏而拒付子女抚养费。父或者母擅自将子女姓氏改为继母或继父姓氏而引起纠纷的，应当责令恢复原姓氏。

第六十条 在离婚诉讼期间，双方均拒绝抚养子女的，可以先行裁定暂由一方抚养。

第六十一条 对拒不履行或者妨害他人履行生效判决、裁定、调解书中有关子女抚养义务的当事人或者其他人，人民法院可依照民事诉讼法第一百一十一条的规定采取强制措施。

五、离　　婚

第六十二条 无民事行为能力人的配偶有民法典第三十六条第一款规定行为，其他有监护资格的人可以要求撤销其监护资格，并依法指定新的监护人；变更后的监护人代理无民事行为能力一方提起离婚诉讼的，人民法院应予受理。

第六十三条 人民法院审理离婚案件，符合民法典第一千零七十九条第三款规定"应当准予离婚"情形的，不应当因当事人有过错而判决不准离婚。

第六十四条 民法典第一千零八十一条所称的"军人一方有重大过错"，可以依据民法典第一千零七十九条第三款前三项规定及军人有其他重大过错导致夫妻感情破裂的情形予以判断。

第六十五条 人民法院作出的生效的离婚判决中未涉及探望权，当事人就探望权问题单独提起诉讼的,人民法院应予受理。

第六十六条 当事人在履行生效判决、裁定或者调解书的过程中,一方请求中止探望的,人民法院在征询双方当事人意见后,认为需要中止探望的,依法作出裁定;中止探望的情形消失后,人民法院应当根据当事人的请求书面通知其恢复探望。

第六十七条 未成年子女、直接抚养子女的父或者母以及其他对未成年子女负担抚养、教育、保护义务的法定监护人,有权向人民法院提出中止探望的请求。

第六十八条 对于拒不协助另一方行使探望权的有关个人或者组织,可以由人民法院依法采取拘留、罚款等强制措施,但是不能对子女的人身、探望行为进行强制执行。

第六十九条 当事人达成的以协议离婚或者到人民法院调解离婚为条件的财产以及债务处理协议,如果双方离婚未成,一方在离婚诉讼中反悔的,人民法院应当认定该财产以及债务处理协议没有生效,并根据实际情况依照民法典第一千零八十七条和第一千零八十九条的规定判决。

当事人依照民法典第一千零七十六条签订的离婚协议中关于财产以及债务处理的条款,对男女双方具有法律约束力。登记离婚后当事人因履行上述协议发生纠纷提起诉讼的,人民法院应当受理。

第七十条 夫妻双方协议离婚后就财产分割问题反悔,请求撤销财产分割协议的,人民法院应当受理。

人民法院审理后,未发现订立财产分割协议时存在欺诈、胁迫等情形的,应当依法驳回当事人的诉讼请求。

第七十一条 人民法院审理离婚案件,涉及分割发放到军人名下的复员费、自主择业费等一次性费用的,以夫妻婚姻关系存续年限乘以年平均值,所得数额为夫妻共同财产。

前款所称年平均值,是指将发放到军人名下的上述费用总额按具体年限均分得出的数额。其具体年限为人均寿命七十岁与军人入伍时实际年龄的差额。

第七十二条 夫妻双方分割共同财产中的股票、债券、投资基金份额等有价证券以及未上市股份有限公司股份时,协商不成或者按市价分配有困难的,人民法院可以根据数量按比例分配。

第七十三条 人民法院审理离婚案件,涉及分割夫妻共同财产中以一方名义在有限责任公司的出资额,另一方不是该公司股东的,按以下情形分别处理:

(一)夫妻双方协商一致将出资额部分或者全部转让给该股东的配偶,其他股东过半数同意,并且其他股东均明确表示放弃优先购买权的,该股东的配偶可以成为该公司股东;

(二)夫妻双方就出资额转让份额和转让价格等事项协商一致后,其他股东半数以上不同意转让,但愿意以同等条件购买该出资额的,人民法院可以对转让出资所得财产进行分割。其他股东半数以上不同意转让,也不愿意以同等条件购买该出资额的,视为其同意转让,该股东的配偶可以成为该公司股东。

用于证明前款规定的股东同意的证据,可以是股东会议材料,也可以是当事人通过其他合法途径取得的股东的书面声明材料。

第七十四条 人民法院审理离婚案件,涉及分割夫妻共同财产中以一方名义在合伙企业中的出资,另一方不是该企业合伙人的,当夫妻双方协商一致,将其合伙企业中的财产份额全部或者部分转让给对方时,按以下情形分别处理:

(一)其他合伙人一致同意的,该配偶依法取得合伙人地位;

(二)其他合伙人不同意转让,在同等条件下行使优先购买权的,可以对转让所得的财产进行分割;

(三)其他合伙人不同意转让,也不行使优先购买权,但同意该合伙人退伙或者削减部分财产份额的,可以对结算后的财产进行分割;

(四)其他合伙人既不同意转让,也不行使优先购买权,又不同意该合伙人退伙或者削减部分财产份额的,视为全体合伙人同意转让,该配偶依法取得合伙人地位。

第七十五条 夫妻以一方名义投资设立个人独资企业的,人民法院分割夫妻在该个人独资企业中的共同财产时,应当按照以下情形分别处理:

(一)一方主张经营该企业的,对企业资产进行评估后,由取得企业资产所有权一方给予另一方相应的补偿;

(二)双方均主张经营该企业的,在双方竞价基础上,由取得企业资产所有权的一方给予另一方相应的补偿;

（三）双方均不愿意经营该企业的，按照《中华人民共和国个人独资企业法》等有关规定办理。

第七十六条 双方对夫妻共同财产中的房屋价值及归属无法达成协议时，人民法院按以下情形分别处理：

（一）双方均主张房屋所有权并且同意竞价取得的，应当准许；

（二）一方主张房屋所有权的，由评估机构按市场价格对房屋作出评估，取得房屋所有权的一方应当给予另一方相应的补偿；

（三）双方均不主张房屋所有权的，根据当事人的申请拍卖、变卖房屋，就所得价款进行分割。

第七十七条 离婚时双方对尚未取得所有权或者尚未取得完全所有权的房屋有争议且协商不成的，人民法院不宜判决房屋所有权的归属，应当根据实际情况判决由当事人使用。

当事人就前款规定的房屋取得完全所有权后，有争议的，可以另行向人民法院提起诉讼。

第七十八条 夫妻一方婚前签订不动产买卖合同，以个人财产支付首付款并在银行贷款，婚后用夫妻共同财产还贷，不动产登记于首付款支付方名下的，离婚时该不动产由双方协议处理。

依前款规定不能达成协议的，人民法院可以判决该不动产归登记一方，尚未归还的贷款为不动产登记一方的个人债务。双方婚后共同还贷支付的款项及其相对应财产增值部分，离婚时应根据民法典第一千零八十七条第一款规定的原则，由不动产登记一方对另一方进行补偿。

第七十九条 婚姻关系存续期间，双方用夫妻共同财产出资购买以一方父母名义参加房改的房屋，登记在一方父母名下，离婚时另一方主张按照夫妻共同财产对该房屋进行分割的，人民法院不予支持。购买该房屋时的出资，可以作为债权处理。

第八十条 离婚时夫妻一方尚未退休、不符合领取基本养老金条件，另一方请求按照夫妻共同财产分割基本养老金的，人民法院不予支持；婚后以夫妻共同财产缴纳基本养老保险费，离婚时一方主张将养老金账户中婚姻关系存续期间个人实际缴纳部分及利息作为夫妻共同财产分割的，人民法院应予支持。

第八十一条 婚姻关系存续期间，夫妻一方作为继承人依法可以继承的遗产,在继承人之间尚未实际分割,起诉离婚时另一方请求分割的,人民法院应当告知当事人在继承人之间实际分割遗产后另行起诉。

第八十二条 夫妻之间订立借款协议,以夫妻共同财产出借给一方从事个人经营活动或者用于其他个人事务的,应视为双方约定处分夫妻共同财产的行为,离婚时可以按照借款协议的约定处理。

第八十三条 离婚后,一方以尚有夫妻共同财产未处理为由向人民法院起诉请求分割的,经审查该财产确属离婚时未涉及的夫妻共同财产,人民法院应当依法予以分割。

第八十四条 当事人依据民法典第一千零九十二条的规定向人民法院提起诉讼,请求再次分割夫妻共同财产的诉讼时效期间为三年,从当事人发现之日起计算。

第八十五条 夫妻一方申请对配偶的个人财产或者夫妻共同财产采取保全措施的,人民法院可以在采取保全措施可能造成损失的范围内,根据实际情况,确定合理的财产担保数额。

第八十六条 民法典第一千零九十一条规定的"损害赔偿",包括物质损害赔偿和精神损害赔偿。涉及精神损害赔偿的,适用《最高人民法院关于确定民事侵权精神损害赔偿责任若干问题的解释》的有关规定。

第八十七条 承担民法典第一千零九十一条规定的损害赔偿责任的主体,为离婚诉讼当事人中无过错方的配偶。

人民法院判决不准离婚的案件,对于当事人基于民法典第一千零九十一条提出的损害赔偿请求,不予支持。

在婚姻关系存续期间,当事人不起诉离婚而单独依据民法典第一千零九十一条提起损害赔偿请求的,人民法院不予受理。

第八十八条 人民法院受理离婚案件时,应当将民法典第一千零九十一条等规定中当事人的有关权利义务,书面告知当事人。在适用民法典第一千零九十一条时,应当区分以下不同情况:

(一)符合民法典第一千零九十一条规定的无过错方作为原告基于该条规定向人民法院提起损害赔偿请求的,必须在离婚诉讼的同时提出。

(二)符合民法典第一千零九十一条规定的无过错方作为被告的离婚诉讼案件,如果被告不同意离婚也不基于该条规定提起损害赔偿请求的,可以就此单独提起诉讼。

(三)无过错方作为被告的离婚诉讼案件,一审时被告未基于民法典第一千零九十一条规定提出损害赔偿请求,二审期间提出的,人民法院应当进行调解;调解不成的,告知当事人另行起诉。双方当事人同意由第二审人民法院一并审理的,第二审人民法院可以一并裁判。

第八十九条 当事人在婚姻登记机关办理离婚登记手续后,以民法典第一千零九十一条规定为由向人民法院提出损害赔偿请求的,人民法院应当受理。但当事人在协议离婚时已经明确表示放弃该项请求的,人民法院不予支持。

第九十条 夫妻双方均有民法典第一千零九十一条规定的过错情形,一方或者双方向对方提出离婚损害赔偿请求的,人民法院不予支持。

六、附　　则

第九十一条 本解释自2021年1月1日起施行。

最高人民法院关于适用《中华人民共和国民法典》继承编的解释(一)

(2020年12月25日最高人民法院审判委员会第1825次会议通过　2020年12月29日公布　法释〔2020〕23号　自2021年1月1日起施行)

为正确审理继承纠纷案件,根据《中华人民共和国民法典》等相关法律规定,结合审判实践,制定本解释。

一、一般规定

第一条 继承从被继承人生理死亡或者被宣告死亡时开始。

宣告死亡的,根据民法典第四十八条规定确定的死亡日期,为继承开始的时间。

第二条 承包人死亡时尚未取得承包收益的,可以将死者生前对承包所投入的资金和所付出的劳动及其增值和孳息,由发包单位或者接续承包合同的人合理折价、补偿。其价额作为遗产。

第三条 被继承人生前与他人订有遗赠扶养协议,同时又立有遗嘱的,继承开始后,如果遗赠扶养协议与遗嘱没有抵触,遗产分别按协议和遗嘱处理;如果有抵触,按协议处理,与协议抵触的遗嘱全部或者部分无效。

第四条 遗嘱继承人依遗嘱取得遗产后,仍有权依照民法典第一千一百三十条的规定取得遗嘱未处分的遗产。

第五条 在遗产继承中,继承人之间因是否丧失继承权发生纠纷,向人民法院提起诉讼的,由人民法院依据民法典第一千一百二十五条的规定,判决确认其是否丧失继承权。

第六条 继承人是否符合民法典第一千一百二十五条第一款第三项规定的"虐待被继承人情节严重",可以从实施虐待行为的时间、手段、后果和社会影响等方面认定。

虐待被继承人情节严重的,不论是否追究刑事责任,均可确认其丧失继承权。

第七条 继承人故意杀害被继承人的,不论是既遂还是未遂,均应当确认其丧失继承权。

第八条 继承人有民法典第一千一百二十五条第一款第一项或者第二项所列之行为,而被继承人以遗嘱将遗产指定由该继承人继承的,可以确认遗嘱无效,并确认该继承人丧失继承权。

第九条 继承人伪造、篡改、隐匿或者销毁遗嘱,侵害了缺乏劳动能力又无生活来源的继承人的利益,并造成其生活困难的,应当认定为民法典第一千一百二十五条第一款第四项规定的"情节严重"。

二、法定继承

第十条 被收养人对养父母尽了赡养义务,同时又对生父母扶养较多的,除可以依照民法典第一千一百二十七条的规定继承养父母的遗产外,还可以依照民法典第一千一百三十一条的规定分得生父母适当的遗产。

第十一条 继子女继承了继父母遗产的,不影响其继承生父母的遗产。继父母继承了继子女遗产的,不影响其继承生子女的遗产。

第十二条 养子女与生子女之间、养子女与养子女之间,系养兄弟姐妹,可以互为第二顺序继承人。

被收养人与其亲兄弟姐妹之间的权利义务关系,因收养关系的成立而消除,不能互为第二顺序继承人。

第十三条 继兄弟姐妹之间的继承权,因继兄弟姐妹之间的扶养关系而发生。没有扶养关系的,不能互为第二顺序继承人。

继兄弟姐妹之间相互继承了遗产的,不影响其继承亲兄弟姐妹的遗产。

第十四条 被继承人的孙子女、外孙子女、曾孙子女、外曾孙子女都可以代位继承,代位继承人不受辈数的限制。

第十五条 被继承人的养子女、已形成扶养关系的继子女的生子女可以代位继承;被继承人亲生子女的养子女可以代位继承;被继承人养子女的养子女可以代位继承;与被继承人已形成扶养关系的继子女的养子女也可以代位继承。

第十六条 代位继承人缺乏劳动能力又没有生活来源,或者对被继承人尽过主要赡养义务的,分配遗产时,可以多分。

第十七条 继承人丧失继承权的,其晚辈直系血亲不得代位继承。如该代位继承人缺乏劳动能力又没有生活来源,或者对被继承人尽赡养义务较多的,可以适当分给遗产。

第十八条 丧偶儿媳对公婆、丧偶女婿对岳父母,无论其是否再婚,依照民法典第一千一百二十九条规定作为第一顺序继承人时,不影响其子女代位继承。

第十九条 对被继承人生活提供了主要经济来源,或者在劳务等方面给予了主要扶助的,应当认定其尽了主要赡养义务或主要扶养义务。

第二十条 依照民法典第一千一百三十一条规定可以分给适当遗产的

人,分给他们遗产时,按具体情况可以多于或者少于继承人。

第二十一条 依照民法典第一千一百三十一条规定可以分给适当遗产的人,在其依法取得被继承人遗产的权利受到侵犯时,本人有权以独立的诉讼主体资格向人民法院提起诉讼。

第二十二条 继承人有扶养能力和扶养条件,愿意尽扶养义务,但被继承人因有固定收入和劳动能力,明确表示不要求其扶养的,分配遗产时,一般不应因此而影响其继承份额。

第二十三条 有扶养能力和扶养条件的继承人虽然与被继承人共同生活,但对需要扶养的被继承人不尽扶养义务,分配遗产时,可以少分或者不分。

三、遗嘱继承和遗赠

第二十四条 继承人、受遗赠人的债权人、债务人,共同经营的合伙人,也应当视为与继承人、受遗赠人有利害关系,不能作为遗嘱的见证人。

第二十五条 遗嘱人未保留缺乏劳动能力又没有生活来源的继承人的遗产份额,遗产处理时,应当为该继承人留下必要的遗产,所剩余的部分,才可参照遗嘱确定的分配原则处理。

继承人是否缺乏劳动能力又没有生活来源,应当按遗嘱生效时该继承人的具体情况确定。

第二十六条 遗嘱人以遗嘱处分了国家、集体或者他人财产的,应当认定该部分遗嘱无效。

第二十七条 自然人在遗书中涉及死后个人财产处分的内容,确为死者的真实意思表示,有本人签名并注明了年、月、日,又无相反证据的,可以按自书遗嘱对待。

第二十八条 遗嘱人立遗嘱时必须具有完全民事行为能力。无民事行为能力人或者限制民事行为能力人所立的遗嘱,即使其本人后来具有完全民事行为能力,仍属无效遗嘱。遗嘱人立遗嘱时具有完全民事行为能力,后来成为无民事行为能力人或者限制民事行为能力人的,不影响遗嘱的效力。

第二十九条 附义务的遗嘱继承或者遗赠,如义务能够履行,而继承人、受遗赠人无正当理由不履行,经受益人或者其他继承人请求,人民法院可以取消其接受附义务部分遗产的权利,由提出请求的继承人或者受益人负责按遗嘱人的意愿履行义务,接受遗产。

四、遗产的处理

第三十条 人民法院在审理继承案件时,如果知道有继承人而无法通知的,分割遗产时,要保留其应继承的遗产,并确定该遗产的保管人或者保管单位。

第三十一条 应当为胎儿保留的遗产份额没有保留的,应从继承人所继承的遗产中扣回。

为胎儿保留的遗产份额,如胎儿出生后死亡的,由其继承人继承;如胎儿娩出时是死体的,由被继承人的继承人继承。

第三十二条 继承人因放弃继承权,致其不能履行法定义务的,放弃继承权的行为无效。

第三十三条 继承人放弃继承应当以书面形式向遗产管理人或者其他继承人表示。

第三十四条 在诉讼中,继承人向人民法院以口头方式表示放弃继承的,要制作笔录,由放弃继承的人签名。

第三十五条 继承人放弃继承的意思表示,应当在继承开始后、遗产分割前作出。遗产分割后表示放弃的不再是继承权,而是所有权。

第三十六条 遗产处理前或者在诉讼进行中,继承人对放弃继承反悔的,由人民法院根据其提出的具体理由,决定是否承认。遗产处理后,继承人对放弃继承反悔的,不予承认。

第三十七条 放弃继承的效力,追溯到继承开始的时间。

第三十八条 继承开始后,受遗赠人表示接受遗赠,并于遗产分割前死亡的,其接受遗赠的权利转移给他的继承人。

第三十九条 由国家或者集体组织供给生活费用的烈属和享受社会救济的自然人,其遗产仍应准许合法继承人继承。

第四十条 继承人以外的组织或者个人与自然人签订遗赠扶养协议后,无正当理由不履行,导致协议解除的,不能享有受遗赠的权利,其支付的供养费用一般不予补偿;遗赠人无正当理由不履行,导致协议解除的,则应当偿还继承人以外的组织或者个人已支付的供养费用。

第四十一条 遗产因无人继承又无人受遗赠归国家或者集体所有制组织所有时,按照民法典第一千一百三十一条规定可以分给适当遗产的人提出取得遗产的诉讼请求,人民法院应当视情况适当分给遗产。

第四十二条 人民法院在分割遗产中的房屋、生产资料和特定职业所需要的财产时,应当依据有利于发挥其使用效益和继承人的实际需要,兼顾各继承人的利益进行处理。

第四十三条 人民法院对故意隐匿、侵吞或者争抢遗产的继承人,可以酌情减少其应继承的遗产。

第四十四条 继承诉讼开始后,如继承人、受遗赠人中有既不愿参加诉讼,又不表示放弃实体权利的,应当追加为共同原告;继承人已书面表示放弃继承、受遗赠人在知道受遗赠后六十日内表示放弃受遗赠或者到期没有表示的,不再列为当事人。

五、附 则

第四十五条 本解释自2021年1月1日起施行。

中华人民共和国社会保险法(节录)

(2010年10月28日第十一届全国人民代表大会常务委员会第十七次会议通过 根据2018年12月29日第十三届全国人民代表大会常务委员会第七次会议《关于修改〈中华人民共和国社会保险法〉的决定》修正)

第二章 基本养老保险

第十条 【参保范围和缴费主体】职工应当参加基本养老保险,由用人单位和职工共同缴纳基本养老保险费。

无雇工的个体工商户、未在用人单位参加基本养老保险的非全日制从业人员以及其他灵活就业人员可以参加基本养老保险，由个人缴纳基本养老保险费。

公务员和参照公务员法管理的工作人员养老保险的办法由国务院规定。

第十一条　【制度模式和筹资方式】基本养老保险实行社会统筹与个人账户相结合。

基本养老保险基金由用人单位和个人缴费以及政府补贴等组成。

第十二条　【缴费基数和比例】用人单位应当按照国家规定的本单位职工工资总额的比例缴纳基本养老保险费，记入基本养老保险统筹基金。

职工应当按照国家规定的本人工资的比例缴纳基本养老保险费，记入个人账户。

无雇工的个体工商户、未在用人单位参加基本养老保险的非全日制从业人员以及其他灵活就业人员参加基本养老保险的，应当按照国家规定缴纳基本养老保险费，分别记入基本养老保险统筹基金和个人账户。

第十三条　【财政责任】国有企业、事业单位职工参加基本养老保险前，视同缴费年限期间应当缴纳的基本养老保险费由政府承担。

基本养老保险基金出现支付不足时，政府给予补贴。

第十四条　【个人账户养老金】个人账户不得提前支取，记账利率不得低于银行定期存款利率，免征利息税。个人死亡的，个人账户余额可以继承。

第十五条　【基本养老金的构成及确定因素】基本养老金由统筹养老金和个人账户养老金组成。

基本养老金根据个人累计缴费年限、缴费工资、当地职工平均工资、个人账户金额、城镇人口平均预期寿命等因素确定。

第十六条　【最低缴费年限和制度接转】参加基本养老保险的个人，达到法定退休年龄时累计缴费满十五年的，按月领取基本养老金。

参加基本养老保险的个人，达到法定退休年龄时累计缴费不足十五年的，可以缴费至满十五年，按月领取基本养老金；也可以转入新型农村社会养老保险或者城镇居民社会养老保险，按照国务院规定享受相应的养老保险待遇。

第十七条 【因病或者非因工致残的待遇】参加基本养老保险的个人，因病或者非因工死亡的，其遗属可以领取丧葬补助金和抚恤金；在未达到法定退休年龄时因病或者非因工致残完全丧失劳动能力的，可以领取病残津贴。所需资金从基本养老保险基金中支付。

第十八条 【养老金调整机制】国家建立基本养老金正常调整机制。根据职工平均工资增长、物价上涨情况，适时提高基本养老保险待遇水平。

第十九条 【转移接续制度】个人跨统筹地区就业的，其基本养老保险关系随本人转移，缴费年限累计计算。个人达到法定退休年龄时，基本养老金分段计算、统一支付。具体办法由国务院规定。

第二十条 【农村社会养老保险制度】国家建立和完善新型农村社会养老保险制度。

新型农村社会养老保险实行个人缴费、集体补助和政府补贴相结合。

第二十一条 【农村社会养老保险待遇】新型农村社会养老保险待遇由基础养老金和个人账户养老金组成。

参加新型农村社会养老保险的农村居民，符合国家规定条件的，按月领取新型农村社会养老保险待遇。

第二十二条 【城镇居民社会养老保险】国家建立和完善城镇居民社会养老保险制度。

省、自治区、直辖市人民政府根据实际情况，可以将城镇居民社会养老保险和新型农村社会养老保险合并实施。

第三章 基本医疗保险

第二十三条 【参保范围和缴费主体】职工应当参加职工基本医疗保险，由用人单位和职工按照国家规定共同缴纳基本医疗保险费。

无雇工的个体工商户、未在用人单位参加职工基本医疗保险的非全日制从业人员以及其他灵活就业人员可以参加职工基本医疗保险，由个人按照国家规定缴纳基本医疗保险费。

第二十四条 【新型农村合作医疗】国家建立和完善新型农村合作医疗制度。

新型农村合作医疗的管理办法，由国务院规定。

第二十五条　【城镇居民基本医疗保险】国家建立和完善城镇居民基本医疗保险制度。

城镇居民基本医疗保险实行个人缴费和政府补贴相结合。

享受最低生活保障的人、丧失劳动能力的残疾人、低收入家庭六十周岁以上的老年人和未成年人等所需个人缴费部分，由政府给予补贴。

第二十六条　【待遇标准】职工基本医疗保险、新型农村合作医疗和城镇居民基本医疗保险的待遇标准按照国家规定执行。

第二十七条　【退休后医疗保险待遇】参加职工基本医疗保险的个人，达到法定退休年龄时累计缴费达到国家规定年限的，退休后不再缴纳基本医疗保险费，按照国家规定享受基本医疗保险待遇；未达到国家规定年限的，可以缴费至国家规定年限。

第二十八条　【支付范围】符合基本医疗保险药品目录、诊疗项目、医疗服务设施标准以及急诊、抢救的医疗费用，按照国家规定从基本医疗保险基金中支付。

第二十九条　【医疗费用的直接结算】参保人员医疗费用中应当由基本医疗保险基金支付的部分，由社会保险经办机构与医疗机构、药品经营单位直接结算。

社会保险行政部门和卫生行政部门应当建立异地就医医疗费用结算制度，方便参保人员享受基本医疗保险待遇。

第三十条　【不纳入支付范围】下列医疗费用不纳入基本医疗保险基金支付范围：

（一）应当从工伤保险基金中支付的；

（二）应当由第三人负担的；

（三）应当由公共卫生负担的；

（四）在境外就医的。

医疗费用依法应当由第三人负担，第三人不支付或者无法确定第三人的，由基本医疗保险基金先行支付。基本医疗保险基金先行支付后，有权向第三人追偿。

第三十一条　【服务协议】社会保险经办机构根据管理服务的需要，可以与医疗机构、药品经营单位签订服务协议，规范医疗服务行为。

医疗机构应当为参保人员提供合理、必要的医疗服务。

第三十二条 【转移接续】个人跨统筹地区就业的,其基本医疗保险关系随本人转移,缴费年限累计计算。

中华人民共和国反家庭暴力法

(2015年12月27日第十二届全国人民代表大会常务委员会第十八次会议通过 2015年12月27日中华人民共和国主席令第37号公布 自2016年3月1日起施行)

目 录

第一章 总 则
第二章 家庭暴力的预防
第三章 家庭暴力的处置
第四章 人身安全保护令
第五章 法律责任
第六章 附 则

第一章 总 则

第一条 【立法目的】为了预防和制止家庭暴力,保护家庭成员的合法权益,维护平等、和睦、文明的家庭关系,促进家庭和谐、社会稳定,制定本法。

第二条 【定义】本法所称家庭暴力,是指家庭成员之间以殴打、捆绑、残害、限制人身自由以及经常性谩骂、恐吓等方式实施的身体、精神等侵害行为。

第三条 【家庭成员之间的义务】家庭成员之间应当互相帮助,互相关爱,和睦相处,履行家庭义务。

反家庭暴力是国家、社会和每个家庭的共同责任。

国家禁止任何形式的家庭暴力。

第四条 【政府职责】县级以上人民政府负责妇女儿童工作的机构，负责组织、协调、指导、督促有关部门做好反家庭暴力工作。

县级以上人民政府有关部门、司法机关、人民团体、社会组织、居民委员会、村民委员会、企业事业单位，应当依照本法和有关法律规定，做好反家庭暴力工作。

各级人民政府应当对反家庭暴力工作给予必要的经费保障。

第五条 【反家庭暴力工作的原则】反家庭暴力工作遵循预防为主，教育、矫治与惩处相结合原则。

反家庭暴力工作应当尊重受害人真实意愿，保护当事人隐私。

未成年人、老年人、残疾人、孕期和哺乳期的妇女、重病患者遭受家庭暴力的，应当给予特殊保护。

第二章 家庭暴力的预防

第六条 【宣传教育】国家开展家庭美德宣传教育，普及反家庭暴力知识，增强公民反家庭暴力意识。

工会、共产主义青年团、妇女联合会、残疾人联合会应当在各自工作范围内，组织开展家庭美德和反家庭暴力宣传教育。

广播、电视、报刊、网络等应当开展家庭美德和反家庭暴力宣传。

学校、幼儿园应当开展家庭美德和反家庭暴力教育。

第七条 【业务培训、统计】县级以上人民政府有关部门、司法机关、妇女联合会应当将预防和制止家庭暴力纳入业务培训和统计工作。

医疗机构应当做好家庭暴力受害人的诊疗记录。

第八条 【乡镇人民政府、街道办事处的职责】乡镇人民政府、街道办事处应当组织开展家庭暴力预防工作，居民委员会、村民委员会、社会工作服务机构应当予以配合协助。

第九条 【政府支持】各级人民政府应当支持社会工作服务机构等社会组织开展心理健康咨询、家庭关系指导、家庭暴力预防知识教育等服务。

第十条 【调解家庭纠纷】人民调解组织应当依法调解家庭纠纷，预防和减少家庭暴力的发生。

第十一条　【用人单位的职责】用人单位发现本单位人员有家庭暴力情况的,应当给予批评教育,并做好家庭矛盾的调解、化解工作。

第十二条　【监护人的职责】未成年人的监护人应当以文明的方式进行家庭教育,依法履行监护和教育职责,不得实施家庭暴力。

第三章　家庭暴力的处置

第十三条　【投诉、反映和求助】家庭暴力受害人及其法定代理人、近亲属可以向加害人或者受害人所在单位、居民委员会、村民委员会、妇女联合会等单位投诉、反映或者求助。有关单位接到家庭暴力投诉、反映或者求助后,应当给予帮助、处理。

家庭暴力受害人及其法定代理人、近亲属也可以向公安机关报案或者依法向人民法院起诉。

单位、个人发现正在发生的家庭暴力行为,有权及时劝阻。

第十四条　【报案】学校、幼儿园、医疗机构、居民委员会、村民委员会、社会工作服务机构、救助管理机构、福利机构及其工作人员在工作中发现无民事行为能力人、限制民事行为能力人遭受或者疑似遭受家庭暴力的,应当及时向公安机关报案。公安机关应当对报案人的信息予以保密。

第十五条　【公安机关接到报案后的工作】公安机关接到家庭暴力报案后应当及时出警,制止家庭暴力,按照有关规定调查取证,协助受害人就医、鉴定伤情。

无民事行为能力人、限制民事行为能力人因家庭暴力身体受到严重伤害、面临人身安全威胁或者处于无人照料等危险状态的,公安机关应当通知并协助民政部门将其安置到临时庇护场所、救助管理机构或者福利机构。

第十六条　【告诫书的出具和内容】家庭暴力情节较轻,依法不给予治安管理处罚的,由公安机关对加害人给予批评教育或者出具告诫书。

告诫书应当包括加害人的身份信息、家庭暴力的事实陈述、禁止加害人实施家庭暴力等内容。

第十七条　【告诫书的送达】公安机关应当将告诫书送交加害人、受害人,并通知居民委员会、村民委员会。

居民委员会、村民委员会、公安派出所应当对收到告诫书的加害人、受害人进行查访,监督加害人不再实施家庭暴力。

第十八条 【设立临时庇护场所】县级或者设区的市级人民政府可以单独或者依托救助管理机构设立临时庇护场所,为家庭暴力受害人提供临时生活帮助。

第十九条 【法律援助和诉讼费用的缓减免】法律援助机构应当依法为家庭暴力受害人提供法律援助。

人民法院应当依法对家庭暴力受害人缓收、减收或者免收诉讼费用。

第二十条 【人民法院对家庭暴力事实的认定依据】人民法院审理涉及家庭暴力的案件,可以根据公安机关出警记录、告诫书、伤情鉴定意见等证据,认定家庭暴力事实。

第二十一条 【监护人资格的撤销】监护人实施家庭暴力严重侵害被监护人合法权益的,人民法院可以根据被监护人的近亲属、居民委员会、村民委员会、县级人民政府民政部门等有关人员或者单位的申请,依法撤销其监护人资格,另行指定监护人。

被撤销监护人资格的加害人,应当继续负担相应的赡养、扶养、抚养费用。

第二十二条 【对加害人进行法治教育】工会、共产主义青年团、妇女联合会、残疾人联合会、居民委员会、村民委员会等应当对实施家庭暴力的加害人进行法治教育,必要时可以对加害人、受害人进行心理辅导。

第四章 人身安全保护令

第二十三条 【申请人身安全保护令】当事人因遭受家庭暴力或者面临家庭暴力的现实危险,向人民法院申请人身安全保护令的,人民法院应当受理。

当事人是无民事行为能力人、限制民事行为能力人,或者因受到强制、威吓等原因无法申请人身安全保护令的,其近亲属、公安机关、妇女联合会、居民委员会、村民委员会、救助管理机构可以代为申请。

第二十四条 【申请方式】申请人身安全保护令应当以书面方式提出;书面申请确有困难的,可以口头申请,由人民法院记入笔录。

第二十五条 【管辖法院】人身安全保护令案件由申请人或者被申请人居住地、家庭暴力发生地的基层人民法院管辖。

第二十六条 【以裁定形式作出】人身安全保护令由人民法院以裁定形式作出。

第二十七条 【作出人身安全保护令的条件】作出人身安全保护令,应当具备下列条件:

(一)有明确的被申请人;

(二)有具体的请求;

(三)有遭受家庭暴力或者面临家庭暴力现实危险的情形。

第二十八条 【作出人身安全保护令或者驳回申请的时限】人民法院受理申请后,应当在七十二小时内作出人身安全保护令或者驳回申请;情况紧急的,应当在二十四小时内作出。

第二十九条 【措施】人身安全保护令可以包括下列措施:

(一)禁止被申请人实施家庭暴力;

(二)禁止被申请人骚扰、跟踪、接触申请人及其相关近亲属;

(三)责令被申请人迁出申请人住所;

(四)保护申请人人身安全的其他措施。

第三十条 【有效期】人身安全保护令的有效期不超过六个月,自作出之日起生效。人身安全保护令失效前,人民法院可以根据申请人的申请撤销、变更或者延长。

第三十一条 【复议】申请人对驳回申请不服或者被申请人对人身安全保护令不服的,可以自裁定生效之日起五日内向作出裁定的人民法院申请复议一次。人民法院依法作出人身安全保护令的,复议期间不停止人身安全保护令的执行。

第三十二条 【送达】人民法院作出人身安全保护令后,应当送达申请人、被申请人、公安机关以及居民委员会、村民委员会等有关组织。人身安全保护令由人民法院执行,公安机关以及居民委员会、村民委员会等应当协助执行。

第五章 法律责任

第三十三条 【实施家庭暴力的法律责任】加害人实施家庭暴力,构成违反治安管理行为的,依法给予治安管理处罚;构成犯罪的,依法追究刑事责任。

第三十四条 【被申请人违反人身安全保护令的法律责任】被申请人违反人身安全保护令,构成犯罪的,依法追究刑事责任;尚不构成犯罪的,人民法院应当给予训诫,可以根据情节轻重处以一千元以下罚款、十五日以下拘留。

第三十五条 【不依据规定向公安机关报案的法律责任】学校、幼儿园、医疗机构、居民委员会、村民委员会、社会工作服务机构、救助管理机构、福利机构及其工作人员未依照本法第十四条规定向公安机关报案,造成严重后果的,由上级主管部门或者本单位对直接负责的主管人员和其他直接责任人员依法给予处分。

第三十六条 【国家工作人员违反职责的法律责任】负有反家庭暴力职责的国家工作人员玩忽职守、滥用职权、徇私舞弊的,依法给予处分;构成犯罪的,依法追究刑事责任。

第六章 附 则

第三十七条 【参照适用】家庭成员以外共同生活的人之间实施的暴力行为,参照本法规定执行。

第三十八条 【实施日期】本法自2016年3月1日起施行。

中华人民共和国刑法(节录)

[1979年7月1日第五届全国人民代表大会第二次会议通过 1997年3月14日第八届全国人民代表大会第五次会议修订 根据1998年12月29日第九届全国人民代表大会常务委员会第六次会议通过的《关于惩治骗购外汇、逃汇和非法买卖外汇犯罪的决定》、

1999年12月25日第九届全国人民代表大会常务委员会第十三次会议通过的《中华人民共和国刑法修正案》、2001年8月31日第九届全国人民代表大会常务委员会第二十三次会议通过的《中华人民共和国刑法修正案(二)》、2001年12月29日第九届全国人民代表大会常务委员会第二十五次会议通过的《中华人民共和国刑法修正案(三)》、2002年12月28日第九届全国人民代表大会常务委员会第三十一次会议通过的《中华人民共和国刑法修正案(四)》、2005年2月28日第十届全国人民代表大会常务委员会第十四次会议通过的《中华人民共和国刑法修正案(五)》、2006年6月29日第十届全国人民代表大会常务委员会第二十二次会议通过的《中华人民共和国刑法修正案(六)》、2009年2月28日第十一届全国人民代表大会常务委员会第七次会议通过的《中华人民共和国刑法修正案(七)》、2009年8月27日第十一届全国人民代表大会常务委员会第十次会议通过的《关于修改部分法律的决定》、2011年2月25日第十一届全国人民代表大会常务委员会第十九次会议通过的《中华人民共和国刑法修正案(八)》、2015年8月29日第十二届全国人民代表大会常务委员会第十六次会议通过的《中华人民共和国刑法修正案(九)》、2017年11月4日第十二届全国人民代表大会常务委员会第三十次会议通过的《中华人民共和国刑法修正案(十)》、2020年12月26日第十三届全国人民代表大会常务委员会第二十四次会议通过的《中华人民共和国刑法修正案(十一)》和2023年12月29日第十四届全国人民代表大会常务委员会第七次会议通过的《中华人民共和国刑法修正案(十二)》修正*]

第二百五十七条 【暴力干涉婚姻自由罪】以暴力干涉他人婚姻自由的,处二年以下有期徒刑或者拘役。

---

* 刑法、历次刑法修正案、涉及修改刑法的决定的施行日期,分别依据各法律所规定的施行日期确定。

犯前款罪,致使被害人死亡的,处二年以上七年以下有期徒刑。

第一款罪,告诉的才处理。

第二百六十条 【虐待罪】虐待家庭成员,情节恶劣的,处二年以下有期徒刑、拘役或者管制。

犯前款罪,致使被害人重伤、死亡的,处二年以上七年以下有期徒刑。

第一款罪,告诉的才处理,但被害人没有能力告诉,或者因受到强制、威吓无法告诉的除外。

第二百六十条之一 【虐待被监护、看护人罪】对未成年人、老年人、患病的人、残疾人等负有监护、看护职责的人虐待被监护、看护的人,情节恶劣的,处三年以下有期徒刑或者拘役。

单位犯前款罪的,对单位判处罚金,并对其直接负责的主管人员和其他直接责任人员,依照前款的规定处罚。

有第一款行为,同时构成其他犯罪的,依照处罚较重的规定定罪处罚。

第二百六十一条 【遗弃罪】对于年老、年幼、患病或者其他没有独立生活能力的人,负有扶养义务而拒绝扶养,情节恶劣的,处五年以下有期徒刑、拘役或者管制。

全国人民代表大会常务委员会关于实施渐进式延迟法定退休年龄的决定

(2024年9月13日第十四届全国人民代表大会常务委员会第十一次会议通过 自2025年1月1日起施行)

为了深入贯彻落实党中央关于渐进式延迟法定退休年龄的决策部署,适

应我国人口发展新形势,充分开发利用人力资源,根据宪法,第十四届全国人民代表大会常务委员会第十一次会议决定:

一、同步启动延迟男、女职工的法定退休年龄,用十五年时间,逐步将男职工的法定退休年龄从原六十周岁延迟至六十三周岁,将女职工的法定退休年龄从原五十周岁、五十五周岁分别延迟至五十五周岁、五十八周岁。

二、实施渐进式延迟法定退休年龄坚持小步调整、弹性实施、分类推进、统筹兼顾的原则。

三、各级人民政府应当积极应对人口老龄化,鼓励和支持劳动者就业创业,切实保障劳动者权益,协调推进养老托育等相关工作。

四、批准《国务院关于渐进式延迟法定退休年龄的办法》。国务院根据实际需要,可以对落实本办法进行补充和细化。

五、本决定自2025年1月1日起施行。第五届全国人民代表大会常务委员会第二次会议批准的《国务院关于安置老弱病残干部的暂行办法》和《国务院关于工人退休、退职的暂行办法》中有关退休年龄的规定不再施行。

国务院关于渐进式延迟法定退休年龄的办法

坚持以习近平新时代中国特色社会主义思想为指导,深入贯彻党的二十大和二十届二中、三中全会精神,综合考虑我国人均预期寿命、健康水平、人口结构、国民受教育程度、劳动力供给等因素,按照小步调整、弹性实施、分类推进、统筹兼顾的原则,实施渐进式延迟法定退休年龄。为了做好这项工作,特制定本办法。

第一条 从2025年1月1日起,男职工和原法定退休年龄为五十五周岁的女职工,法定退休年龄每四个月延迟一个月,分别逐步延迟至六十三周岁和五十八周岁;原法定退休年龄为五十周岁的女职工,法定退休年龄每二个月延迟一个月,逐步延迟至五十五周岁。国家另有规定的,从其规定。

第二条　从2030年1月1日起,将职工按月领取基本养老金最低缴费年限由十五年逐步提高至二十年,每年提高六个月。职工达到法定退休年龄但不满最低缴费年限的,可以按照规定通过延长缴费或者一次性缴费的办法达到最低缴费年限,按月领取基本养老金。

第三条　职工达到最低缴费年限,可以自愿选择弹性提前退休,提前时间最长不超过三年,且退休年龄不得低于女职工五十周岁、五十五周岁及男职工六十周岁的原法定退休年龄。职工达到法定退休年龄,所在单位与职工协商一致的,可以弹性延迟退休,延迟时间最长不超过三年。国家另有规定的,从其规定。实施中不得违背职工意愿,违法强制或者变相强制职工选择退休年龄。

第四条　国家健全养老保险激励机制。鼓励职工长缴多得、多缴多得、晚退多得。基础养老金计发比例与个人累计缴费年限挂钩,基础养老金计发基数与个人实际缴费挂钩,个人账户养老金根据个人退休年龄、个人账户储存额等因素确定。

第五条　国家实施就业优先战略,促进高质量充分就业。完善就业公共服务体系,健全终身职业技能培训制度。支持青年人就业创业,强化大龄劳动者就业岗位开发,完善困难人员就业援助制度。加强对就业年龄歧视的防范和治理,激励用人单位吸纳更多大龄劳动者就业。

第六条　用人单位招用超过法定退休年龄的劳动者,应当保障劳动者获得劳动报酬、休息休假、劳动安全卫生、工伤保障等基本权益。

国家加强灵活就业和新就业形态劳动者权益保障。

国家完善带薪年休假制度。

第七条　对领取失业保险金且距法定退休年龄不足一年的人员,领取失业保险金年限延长至法定退休年龄,在实施渐进式延迟法定退休年龄期间,由失业保险基金按照规定为其缴纳养老保险费。

第八条　国家规范完善特殊工种等提前退休政策。从事井下、高空、高温、特别繁重体力劳动等国家规定的特殊工种,以及在高海拔地区工作的职工,符合条件的可以申请提前退休。

第九条 国家建立居家社区机构相协调、医养康养相结合的养老服务体系,大力发展普惠托育服务体系。

附件:1.男职工延迟法定退休年龄对照表
   2.原法定退休年龄五十五周岁的女职工延迟法定退休年龄对照表
   3.原法定退休年龄五十周岁的女职工延迟法定退休年龄对照表
   4.提高最低缴费年限情况表

附件1:

男职工延迟法定退休年龄对照表

延迟法定退休年龄每4个月延迟1个月				延迟法定退休年龄每4个月延迟1个月			
出生时间	改革后法定退休年龄	改革后退休时间	延迟月数	出生时间	改革后法定退休年龄	改革后退休时间	延迟月数
1965年1月	60岁1个月	2025年2月	1	1966年1月	60岁4个月	2026年5月	4
1965年2月		2025年3月		1966年2月		2026年6月	
1965年3月		2025年4月		1966年3月		2026年7月	
1965年4月		2025年5月		1966年4月		2026年8月	
1965年5月	60岁2个月	2025年7月	2	1966年5月	60岁5个月	2026年10月	5
1965年6月		2025年8月		1966年6月		2026年11月	
1965年7月		2025年9月		1966年7月		2026年12月	
1965年8月		2025年10月		1966年8月		2027年1月	
1965年9月	60岁3个月	2025年12月	3	1966年9月	60岁6个月	2027年3月	6
1965年10月		2026年1月		1966年10月		2027年4月	
1965年11月		2026年2月		1966年11月		2027年5月	
1965年12月		2026年3月		1966年12月		2027年6月	

续表

出生时间	改革后法定退休年龄	改革后退休时间	延迟月数	出生时间	改革后法定退休年龄	改革后退休时间	延迟月数
1967年1月	60岁7个月	2027年8月	7	1969年1月	61岁1个月	2030年2月	13
1967年2月		2027年9月		1969年2月		2030年3月	
1967年3月		2027年10月		1969年3月		2030年4月	
1967年4月		2027年11月		1969年4月		2030年5月	
1967年5月	60岁8个月	2028年1月	8	1969年5月	61岁2个月	2030年7月	14
1967年6月		2028年2月		1969年6月		2030年8月	
1967年7月		2028年3月		1969年7月		2030年9月	
1967年8月		2028年4月		1969年8月		2030年10月	
1967年9月	60岁9个月	2028年6月	9	1969年9月	61岁3个月	2030年12月	15
1967年10月		2028年7月		1969年10月		2031年1月	
1967年11月		2028年8月		1969年11月		2031年2月	
1967年12月		2028年9月		1969年12月		2031年3月	
1968年1月	60岁10个月	2028年11月	10	1970年1月	61岁4个月	2031年5月	16
1968年2月		2028年12月		1970年2月		2031年6月	
1968年3月		2029年1月		1970年3月		2031年7月	
1968年4月		2029年2月		1970年4月		2031年8月	
1968年5月	60岁11个月	2029年4月	11	1970年5月	61岁5个月	2031年10月	17
1968年6月		2029年5月		1970年6月		2031年11月	
1968年7月		2029年6月		1970年7月		2031年12月	
1968年8月		2029年7月		1970年8月		2032年1月	
1968年9月	61岁	2029年9月	12	1970年9月	61岁6个月	2032年3月	18
1968年10月		2029年10月		1970年10月		2032年4月	
1968年11月		2029年11月		1970年11月		2032年5月	
1968年12月		2029年12月		1970年12月		2032年6月	

续表

延迟法定退休年龄每4个月延迟1个月				延迟法定退休年龄每4个月延迟1个月			
出生时间	改革后法定退休年龄	改革后退休时间	延迟月数	出生时间	改革后法定退休年龄	改革后退休时间	延迟月数
1971年1月	61岁7个月	2032年8月	19	1973年1月	62岁1个月	2035年2月	25
1971年2月		2032年9月		1973年2月		2035年3月	
1971年3月		2032年10月		1973年3月		2035年4月	
1971年4月		2032年11月		1973年4月		2035年5月	
1971年5月	61岁8个月	2033年1月	20	1973年5月	62岁2个月	2035年7月	26
1971年6月		2033年2月		1973年6月		2035年8月	
1971年7月		2033年3月		1973年7月		2035年9月	
1971年8月		2033年4月		1973年8月		2035年10月	
1971年9月	61岁9个月	2033年6月	21	1973年9月	62岁3个月	2035年12月	27
1971年10月		2033年7月		1973年10月		2036年1月	
1971年11月		2033年8月		1973年11月		2036年2月	
1971年12月		2033年9月		1973年12月		2036年3月	
1972年1月	61岁10个月	2033年11月	22	1974年1月	62岁4个月	2036年5月	28
1972年2月		2033年12月		1974年2月		2036年6月	
1972年3月		2034年1月		1974年3月		2036年7月	
1972年4月		2034年2月		1974年4月		2036年8月	
1972年5月	61岁11个月	2034年4月	23	1974年5月	62岁5个月	2036年10月	29
1972年6月		2034年5月		1974年6月		2036年11月	
1972年7月		2034年6月		1974年7月		2036年12月	
1972年8月		2034年7月		1974年8月		2037年1月	
1972年9月	62岁	2034年9月	24	1974年9月	62岁6个月	2037年3月	30
1972年10月		2034年10月		1974年10月		2037年4月	
1972年11月		2034年11月		1974年11月		2037年5月	
1972年12月		2034年12月		1974年12月		2037年6月	

续表

延迟法定退休年龄每4个月延迟1个月				延迟法定退休年龄每4个月延迟1个月			
出生时间	改革后法定退休年龄	改革后退休时间	延迟月数	出生时间	改革后法定退休年龄	改革后退休时间	延迟月数
1975年1月	62岁7个月	2037年8月	31	1976年1月	62岁10个月	2038年11月	34
1975年2月		2037年9月		1976年2月		2038年12月	
1975年3月		2037年10月		1976年3月		2039年1月	
1975年4月		2037年11月		1976年4月		2039年2月	
1975年5月	62岁8个月	2038年1月	32	1976年5月	62岁11个月	2039年4月	35
1975年6月		2038年2月		1976年6月		2039年5月	
1975年7月		2038年3月		1976年7月		2039年6月	
1975年8月		2038年4月		1976年8月		2039年7月	
1975年9月	62岁9个月	2038年6月	33	1976年9月	63岁	2039年9月	36
1975年10月		2038年7月		1976年10月		2039年10月	
1975年11月		2038年8月		1976年11月		2039年11月	
1975年12月		2038年9月		1976年12月		2039年12月	

附件2：

原法定退休年龄五十五周岁的女职工延迟法定退休年龄对照表

延迟法定退休年龄每4个月延迟1个月				延迟法定退休年龄每4个月延迟1个月			
出生时间	改革后法定退休年龄	改革后退休时间	延迟月数	出生时间	改革后法定退休年龄	改革后退休时间	延迟月数
1970年1月	55岁1个月	2025年2月	1	1970年5月	55岁2个月	2025年7月	2
1970年2月		2025年3月		1970年6月		2025年8月	
1970年3月		2025年4月		1970年7月		2025年9月	
1970年4月		2025年5月		1970年8月		2025年10月	

续表

出生时间	改革后法定退休年龄	改革后退休时间	延迟月数	出生时间	改革后法定退休年龄	改革后退休时间	延迟月数
1970年9月	55岁3个月	2025年12月	3	1972年9月	55岁9个月	2028年6月	9
1970年10月		2026年1月		1972年10月		2028年7月	
1970年11月		2026年2月		1972年11月		2028年8月	
1970年12月		2026年3月		1972年12月		2028年9月	
1971年1月	55岁4个月	2026年5月	4	1973年1月	55岁10个月	2028年11月	10
1971年2月		2026年6月		1973年2月		2028年12月	
1971年3月		2026年7月		1973年3月		2029年1月	
1971年4月		2026年8月		1973年4月		2029年2月	
1971年5月	55岁5个月	2026年10月	5	1973年5月	55岁11个月	2029年4月	11
1971年6月		2026年11月		1973年6月		2029年5月	
1971年7月		2026年12月		1973年7月		2029年6月	
1971年8月		2027年1月		1973年8月		2029年7月	
1971年9月	55岁6个月	2027年3月	6	1973年9月	56岁	2029年9月	12
1971年10月		2027年4月		1973年10月		2029年10月	
1971年11月		2027年5月		1973年11月		2029年11月	
1971年12月		2027年6月		1973年12月		2029年12月	
1972年1月	55岁7个月	2027年8月	7	1974年1月	56岁1个月	2030年2月	13
1972年2月		2027年9月		1974年2月		2030年3月	
1972年3月		2027年10月		1974年3月		2030年4月	
1972年4月		2027年11月		1974年4月		2030年5月	
1972年5月	55岁8个月	2028年1月	8	1974年5月	56岁2个月	2030年7月	14
1972年6月		2028年2月		1974年6月		2030年8月	
1972年7月		2028年3月		1974年7月		2030年9月	
1972年8月		2028年4月		1974年8月		2030年10月	

续表

延迟法定退休年龄每4个月延迟1个月				延迟法定退休年龄每4个月延迟1个月			
出生时间	改革后法定退休年龄	改革后退休时间	延迟月数	出生时间	改革后法定退休年龄	改革后退休时间	延迟月数
1974年9月	56岁3个月	2030年12月	15	1976年9月	56岁9个月	2033年6月	21
1974年10月		2031年1月		1976年10月		2033年7月	
1974年11月		2031年2月		1976年11月		2033年8月	
1974年12月		2031年3月		1976年12月		2033年9月	
1975年1月	56岁4个月	2031年5月	16	1977年1月	56岁10个月	2033年11月	22
1975年2月		2031年6月		1977年2月		2033年12月	
1975年3月		2031年7月		1977年3月		2034年1月	
1975年4月		2031年8月		1977年4月		2034年2月	
1975年5月	56岁5个月	2031年10月	17	1977年5月	56岁11个月	2034年4月	23
1975年6月		2031年11月		1977年6月		2034年5月	
1975年7月		2031年12月		1977年7月		2034年6月	
1975年8月		2032年1月		1977年8月		2034年7月	
1975年9月	56岁6个月	2032年3月	18	1977年9月	57岁	2034年9月	24
1975年10月		2032年4月		1977年10月		2034年10月	
1975年11月		2032年5月		1977年11月		2034年11月	
1975年12月		2032年6月		1977年12月		2034年12月	
1976年1月	56岁7个月	2032年8月	19	1978年1月	57岁1个月	2035年2月	25
1976年2月		2032年9月		1978年2月		2035年3月	
1976年3月		2032年10月		1978年3月		2035年4月	
1976年4月		2032年11月		1978年4月		2035年5月	
1976年5月	56岁8个月	2033年1月	20	1978年5月	57岁2个月	2035年7月	26
1976年6月		2033年2月		1978年6月		2035年8月	
1976年7月		2033年3月		1978年7月		2035年9月	
1976年8月		2033年4月		1978年8月		2035年10月	

续表

延迟法定退休年龄每4个月延迟1个月				延迟法定退休年龄每4个月延迟1个月			
出生时间	改革后法定退休年龄	改革后退休时间	延迟月数	出生时间	改革后法定退休年龄	改革后退休时间	延迟月数
1978年9月	57岁3个月	2035年12月	27	1980年5月	57岁8个月	2038年1月	32
1978年10月		2036年1月		1980年6月		2038年2月	
1978年11月		2036年2月		1980年7月		2038年3月	
1978年12月		2036年3月		1980年8月		2038年4月	
1979年1月	57岁4个月	2036年5月	28	1980年9月	57岁9个月	2038年6月	33
1979年2月		2036年6月		1980年10月		2038年7月	
1979年3月		2036年7月		1980年11月		2038年8月	
1979年4月		2036年8月		1980年12月		2038年9月	
1979年5月	57岁5个月	2036年10月	29	1981年1月	57岁10个月	2038年11月	34
1979年6月		2036年11月		1981年2月		2038年12月	
1979年7月		2036年12月		1981年3月		2039年1月	
1979年8月		2037年1月		1981年4月		2039年2月	
1979年9月	57岁6个月	2037年3月	30	1981年5月	57岁11个月	2039年4月	35
1979年10月		2037年4月		1981年6月		2039年5月	
1979年11月		2037年5月		1981年7月		2039年6月	
1979年12月		2037年6月		1981年8月		2039年7月	
1980年1月	57岁7个月	2037年8月	31	1981年9月	58岁	2039年9月	36
1980年2月		2037年9月		1981年10月		2039年10月	
1980年3月		2037年10月		1981年11月		2039年11月	
1980年4月		2037年11月		1981年12月		2039年12月	

附件3：

原法定退休年龄五十周岁的女职工延迟法定退休年龄对照表

延迟法定退休年龄每2个月延迟1个月				延迟法定退休年龄每2个月延迟1个月			
出生时间	改革后法定退休年龄	改革后退休时间	延迟月数	出生时间	改革后法定退休年龄	改革后退休时间	延迟月数
1975年1月	50岁1个月	2025年2月	1	1977年1月	51岁1个月	2028年2月	13
1975年2月		2025年3月		1977年2月		2028年3月	
1975年3月	50岁2个月	2025年5月	2	1977年3月	51岁2个月	2028年5月	14
1975年4月		2025年6月		1977年4月		2028年6月	
1975年5月	50岁3个月	2025年8月	3	1977年5月	51岁3个月	2028年8月	15
1975年6月		2025年9月		1977年6月		2028年9月	
1975年7月	50岁4个月	2025年11月	4	1977年7月	51岁4个月	2028年11月	16
1975年8月		2025年12月		1977年8月		2028年12月	
1975年9月	50岁5个月	2026年2月	5	1977年9月	51岁5个月	2029年2月	17
1975年10月		2026年3月		1977年10月		2029年3月	
1975年11月	50岁6个月	2026年5月	6	1977年11月	51岁6个月	2029年5月	18
1975年12月		2026年6月		1977年12月		2029年6月	
1976年1月	50岁7个月	2026年8月	7	1978年1月	51岁7个月	2029年8月	19
1976年2月		2026年9月		1978年2月		2029年9月	
1976年3月	50岁8个月	2026年11月	8	1978年3月	51岁8个月	2029年11月	20
1976年4月		2026年12月		1978年4月		2029年12月	
1976年5月	50岁9个月	2027年2月	9	1978年5月	51岁9个月	2030年2月	21
1976年6月		2027年3月		1978年6月		2030年3月	
1976年7月	50岁10个月	2027年5月	10	1978年7月	51岁10个月	2030年5月	22
1976年8月		2027年6月		1978年8月		2030年6月	
1976年9月	50岁11个月	2027年8月	11	1978年9月	51岁11个月	2030年8月	23
1976年10月		2027年9月		1978年10月		2030年9月	
1976年11月	51岁	2027年11月	12	1978年11月	52岁	2030年11月	24
1976年12月		2027年12月		1978年12月		2030年12月	

续表

出生时间	改革后法定退休年龄	改革后退休时间	延迟月数	出生时间	改革后法定退休年龄	改革后退休时间	延迟月数
1979年1月	52岁1个月	2031年2月	25	1981年3月	53岁2个月	2034年5月	38
1979年2月		2031年3月		1981年4月		2034年6月	
1979年3月	52岁2个月	2031年5月	26	1981年5月	53岁3个月	2034年8月	39
1979年4月		2031年6月		1981年6月		2034年9月	
1979年5月	52岁3个月	2031年8月	27	1981年7月	53岁4个月	2034年11月	40
1979年6月		2031年9月		1981年8月		2034年12月	
1979年7月	52岁4个月	2031年11月	28	1981年9月	53岁5个月	2035年2月	41
1979年8月		2031年12月		1981年10月		2035年3月	
1979年9月	52岁5个月	2032年2月	29	1981年11月	53岁6个月	2035年5月	42
1979年10月		2032年3月		1981年12月		2035年6月	
1979年11月	52岁6个月	2032年5月	30	1982年1月	53岁7个月	2035年8月	43
1979年12月		2032年6月		1982年2月		2035年9月	
1980年1月	52岁7个月	2032年8月	31	1982年3月	53岁8个月	2035年11月	44
1980年2月		2032年9月		1982年4月		2035年12月	
1980年3月	52岁8个月	2032年11月	32	1982年5月	53岁9个月	2036年2月	45
1980年4月		2032年12月		1982年6月		2036年3月	
1980年5月	52岁9个月	2033年2月	33	1982年7月	53岁10个月	2036年5月	46
1980年6月		2033年3月		1982年8月		2036年6月	
1980年7月	52岁10个月	2033年5月	34	1982年9月	53岁11个月	2036年8月	47
1980年8月		2033年6月		1982年10月		2036年9月	
1980年9月	52岁11个月	2033年8月	35	1982年11月	54岁	2036年11月	48
1980年10月		2033年9月		1982年12月		2036年12月	
1980年11月	53岁	2033年11月	36	1983年1月	54岁1个月	2037年2月	49
1980年12月		2033年12月		1983年2月		2037年3月	
1981年1月	53岁1个月	2034年2月	37	1983年3月	54岁2个月	2037年5月	50
1981年2月		2034年3月		1983年4月		2037年6月	

续表

延迟法定退休年龄每2个月延迟1个月				延迟法定退休年龄每2个月延迟1个月			
出生时间	改革后法定退休年龄	改革后退休时间	延迟月数	出生时间	改革后法定退休年龄	改革后退休时间	延迟月数
1983年5月	54岁3个月	2037年8月	51	1983年11月	54岁6个月	2038年5月	54
1983年6月		2037年9月		1983年12月		2038年6月	
1983年7月	54岁4个月	2037年11月	52	1984年1月	54岁7个月	2038年8月	55
1983年8月		2037年12月		1984年2月		2038年9月	
1983年9月	54岁5个月	2038年2月	53	1984年3月	54岁8个月	2038年11月	56
1983年10月		2038年3月		1984年4月		2038年12月	

附件4：

提高最低缴费年限情况表

年份	当年最低缴费年限
2025年	15年
2026年	15年
2027年	15年
2028年	15年
2029年	15年
2030年	15年+6个月
2031年	16年
2032年	16年+6个月
2033年	17年
2034年	17年+6个月
2035年	18年
2036年	18年+6个月
2037年	19年
2038年	19年+6个月
2039年	20年

养老机构管理办法

(2020年9月1日民政部令第66号公布
自2020年11月1日起施行)

第一章 总 则

第一条 为了规范对养老机构的管理,促进养老服务健康发展,根据《中华人民共和国老年人权益保障法》和有关法律、行政法规,制定本办法。

第二条 本办法所称养老机构是指依法办理登记,为老年人提供全日集中住宿和照料护理服务,床位数在10张以上的机构。

养老机构包括营利性养老机构和非营利性养老机构。

第三条 县级以上人民政府民政部门负责养老机构的指导、监督和管理。其他有关部门依照职责分工对养老机构实施监督。

第四条 养老机构应当按照建筑、消防、食品安全、医疗卫生、特种设备等法律、法规和强制性标准开展服务活动。

养老机构及其工作人员应当依法保障收住老年人的人身权、财产权等合法权益。

第五条 入住养老机构的老年人及其代理人应当遵守养老机构的规章制度,维护养老机构正常服务秩序。

第六条 政府投资兴办的养老机构在满足特困人员集中供养需求的前提下,优先保障经济困难的孤寡、失能、高龄、计划生育特殊家庭等老年人的服务需求。

政府投资兴办的养老机构,可以采取委托管理、租赁经营等方式,交由社会力量运营管理。

第七条 民政部门应当会同有关部门采取措施,鼓励、支持企业事业单位、社会组织或者个人兴办、运营养老机构。

鼓励自然人、法人或者其他组织依法为养老机构提供捐赠和志愿服务。

第八条 鼓励养老机构加入养老服务行业组织,加强行业自律和诚信建设,促进行业规范有序发展。

第二章 备案办理

第九条 设立营利性养老机构,应当在市场监督管理部门办理登记。设立非营利性养老机构,应当依法办理相应的登记。

养老机构登记后即可开展服务活动。

第十条 营利性养老机构办理备案,应当在收住老年人后10个工作日以内向服务场所所在地的县级人民政府民政部门提出。非营利性养老机构办理备案,应当在收住老年人后10个工作日以内向登记管理机关同级的人民政府民政部门提出。

第十一条 养老机构办理备案,应当向民政部门提交备案申请书、养老机构登记证书、符合本办法第四条要求的承诺书等材料,并对真实性负责。

备案申请书应当包括下列内容:

(一)养老机构基本情况,包括名称、住所、法定代表人或者主要负责人信息等;

(二)服务场所权属;

(三)养老床位数量;

(四)服务设施面积;

(五)联系人和联系方式。

民政部门应当加强信息化建设,逐步实现网上备案。

第十二条 民政部门收到养老机构备案材料后,对材料齐全的,应当出具备案回执;材料不齐全的,应当指导养老机构补正。

第十三条 已经备案的养老机构变更名称、法定代表人或者主要负责人等登记事项,或者变更服务场所权属、养老床位数量、服务设施面积等事项的,应当及时向原备案民政部门办理变更备案。

养老机构在原备案机关辖区内变更服务场所的,应当及时向原备案民政部门办理变更备案。营利性养老机构跨原备案机关辖区变更服务场所的,应当及时向变更后的服务场所所在地县级人民政府民政部门办理备案。

第十四条 民政部门应当通过政府网站、政务新媒体、办事大厅公示栏、服务窗口等途径向社会公开备案事项及流程、材料清单等信息。

民政部门应当依托全国一体化在线政务服务平台,推进登记管理机关、备案机关信息系统互联互通、数据共享。

第三章 服务规范

第十五条 养老机构应当建立入院评估制度,对老年人的身心状况进行评估,并根据评估结果确定照料护理等级。

老年人身心状况发生变化,需要变更照料护理等级的,养老机构应当重新进行评估。

养老机构确定或者变更老年人照料护理等级,应当经老年人或者其代理人同意。

第十六条 养老机构应当与老年人或者其代理人签订服务协议,明确当事人的权利和义务。

服务协议一般包括下列条款:

(一)养老机构的名称、住所、法定代表人或者主要负责人、联系方式;

(二)老年人或者其代理人和紧急联系人的姓名、住址、身份证明、联系方式;

(三)照料护理等级和服务内容、服务方式;

(四)收费标准和费用支付方式;

(五)服务期限和场所;

(六)协议变更、解除与终止的条件;

(七)暂停或者终止服务时老年人安置方式;

(八)违约责任和争议解决方式;

(九)当事人协商一致的其他内容。

第十七条 养老机构按照服务协议为老年人提供生活照料、康复护理、精神慰藉、文化娱乐等服务。

第十八条 养老机构应当为老年人提供饮食、起居、清洁、卫生等生活照料服务。

养老机构应当提供符合老年人住宿条件的居住用房,并配备适合老年人安全保护要求的设施、设备及用具,定期对老年人的活动场所和物品进行消毒和清洗。

养老机构提供的饮食应当符合食品安全要求、适宜老年人食用、有利于老年人营养平衡、符合民族风俗习惯。

第十九条 养老机构应当为老年人建立健康档案,开展日常保健知识宣传,做好疾病预防工作。养老机构在老年人突发危重疾病时,应当及时转送医疗机构救治并通知其紧急联系人。

养老机构可以通过设立医疗机构或者采取与周边医疗机构合作的方式,为老年人提供医疗服务。养老机构设立医疗机构的,应当按照医疗机构管理相关法律法规进行管理。

第二十条 养老机构发现老年人为传染病病人或者疑似传染病病人的,应当及时向附近的疾病预防控制机构或者医疗机构报告,配合实施卫生处理、隔离等预防控制措施。

养老机构发现老年人为疑似精神障碍患者的,应当依照精神卫生相关法律法规的规定处理。

第二十一条 养老机构应当根据需要为老年人提供情绪疏导、心理咨询、危机干预等精神慰藉服务。

第二十二条 养老机构应当开展适合老年人的文化、教育、体育、娱乐活动,丰富老年人的精神文化生活。

养老机构开展文化、教育、体育、娱乐活动时,应当为老年人提供必要的安全防护措施。

第二十三条 养老机构应当为老年人家庭成员看望或者问候老年人提供便利,为老年人联系家庭成员提供帮助。

第二十四条 鼓励养老机构运营社区养老服务设施,或者上门为居家老年人提供助餐、助浴、助洁等服务。

第四章　运　营　管　理

第二十五条 养老机构应当按照国家有关规定建立健全安全、消防、食品、卫生、财务、档案管理等规章制度,制定服务标准和工作流程,并予以公开。

第二十六条　养老机构应当配备与服务和运营相适应的工作人员,并依法与其签订聘用合同或者劳动合同,定期开展职业道德教育和业务培训。

养老机构中从事医疗、康复、消防等服务的人员,应当具备相应的职业资格。

养老机构应当加强对养老护理人员的职业技能培训,建立健全体现职业技能等级等因素的薪酬制度。

第二十七条　养老机构应当依照其登记类型、经营性质、运营方式、设施设备条件、管理水平、服务质量、照料护理等级等因素合理确定服务项目的收费标准,并遵守国家和地方政府价格管理有关规定。

养老机构应当在醒目位置公示各类服务项目收费标准和收费依据,接受社会监督。

第二十八条　养老机构应当实行 24 小时值班,做好老年人安全保障工作。

养老机构应当在各出入口、接待大厅、值班室、楼道、食堂等公共场所安装视频监控设施,并妥善保管视频监控记录。

第二十九条　养老机构内设食堂的,应当取得市场监督管理部门颁发的食品经营许可证,严格遵守相关法律、法规和食品安全标准,执行原料控制、餐具饮具清洗消毒、食品留样等制度,并依法开展食堂食品安全自查。

养老机构从供餐单位订餐的,应当从取得食品生产经营许可的供餐单位订购,并按照要求对订购的食品进行查验。

第三十条　养老机构应当依法履行消防安全职责,健全消防安全管理制度,实行消防工作责任制,配置消防设施、器材并定期检测、维修,开展日常防火巡查、检查,定期组织灭火和应急疏散消防安全培训。

养老机构的法定代表人或者主要负责人对本单位消防安全工作全面负责,属于消防安全重点单位的养老机构应当确定消防安全管理人,负责组织实施本单位消防安全管理工作,并报告当地消防救援机构。

第三十一条　养老机构应当依法制定自然灾害、事故灾难、公共卫生事件、社会安全事件等突发事件应急预案,在场所内配备报警装置和必要的应急救援设备、设施,定期开展突发事件应急演练。

突发事件发生后,养老机构应当立即启动应急预案,采取防止危害扩大的必要处置措施,同时根据突发事件应对管理职责分工向有关部门和民政部门报告。

第三十二条 养老机构应当建立老年人信息档案,收集和妥善保管服务协议等相关资料。档案的保管期限不少于服务协议期满后五年。

养老机构及其工作人员应当保护老年人的个人信息和隐私。

第三十三条 养老机构应当按照国家有关规定接受、使用捐赠、资助。

鼓励养老机构为社会工作者、志愿者在机构内开展服务提供便利。

第三十四条 鼓励养老机构投保责任保险,降低机构运营风险。

第三十五条 养老机构因变更或者终止等原因暂停、终止服务的,应当在合理期限内提前书面通知老年人或者其代理人,并书面告知民政部门。

老年人需要安置的,养老机构应当根据服务协议约定与老年人或者其代理人协商确定安置事宜。民政部门应当为养老机构妥善安置老年人提供帮助。

养老机构终止服务后,应当依法清算并办理注销登记。

第五章 监督检查

第三十六条 民政部门应当加强对养老机构服务和运营的监督检查,发现违反本办法规定的,及时依法予以处理并向社会公布。

民政部门在监督检查中发现养老机构存在应当由其他部门查处的违法违规行为的,及时通报有关部门处理。

第三十七条 民政部门依法履行监督检查职责,可以采取以下措施:

(一)向养老机构和个人了解情况;

(二)进入涉嫌违法的养老机构进行现场检查;

(三)查阅或者复制有关合同、票据、账簿及其他有关资料;

(四)发现养老机构存在可能危及人身健康和生命财产安全风险的,责令限期改正,逾期不改正的,责令停业整顿。

民政部门实施监督检查时,监督检查人员不得少于2人,应当出示执法证件。

对民政部门依法进行的监督检查,养老机构应当配合,如实提供相关资料和信息,不得隐瞒、拒绝、阻碍。

第三十八条　对已经备案的养老机构,备案民政部门应当自备案之日起20个工作日以内进行现场检查,并核实备案信息;对未备案的养老机构,服务场所所在地的县级人民政府民政部门应当自发现其收住老年人之日起20个工作日以内进行现场检查,并督促及时备案。

民政部门应当每年对养老机构服务安全和质量进行不少于一次的现场检查。

第三十九条　民政部门应当采取随机抽取检查对象、随机选派检查人员的方式对养老机构实施监督检查。抽查情况及查处结果应当及时向社会公布。

民政部门应当结合养老机构的服务规模、信用记录、风险程度等情况,确定抽查比例和频次。对违法失信、风险高的养老机构,适当提高抽查比例和频次,依法依规实施严管和惩戒。

第四十条　民政部门应当加强对养老机构非法集资的防范、监测和预警工作,发现养老机构涉嫌非法集资的,按照有关规定及时移交相关部门。

第四十一条　民政部门应当充分利用信息技术手段,加强对养老机构的监督检查,提高监管能力和水平。

第四十二条　民政部门应当定期开展养老服务行业统计工作,养老机构应当及时准确报送相关信息。

第四十三条　养老机构应当听取老年人或者其代理人的意见和建议,发挥其对养老机构服务和运营的监督促进作用。

第四十四条　民政部门应当畅通对养老机构的举报投诉渠道,依法及时处理有关举报投诉。

第四十五条　民政部门发现个人或者组织未经登记以养老机构名义开展活动的,应当书面通报相关登记管理机关,并配合做好查处工作。

第六章　法　律　责　任

第四十六条　养老机构有下列行为之一的,由民政部门责令改正,给予警告;情节严重的,处以3万元以下的罚款:

(一)未建立入院评估制度或者未按照规定开展评估活动的;

（二）未与老年人或者其代理人签订服务协议，或者未按照协议约定提供服务的；

（三）未按照有关强制性国家标准提供服务的；

（四）工作人员的资格不符合规定的；

（五）利用养老机构的房屋、场地、设施开展与养老服务宗旨无关的活动的；

（六）未依照本办法规定预防和处置突发事件的；

（七）歧视、侮辱、虐待老年人以及其他侵害老年人人身和财产权益行为的；

（八）向负责监督检查的民政部门隐瞒有关情况、提供虚假材料或者拒绝提供反映其活动情况真实材料的；

（九）法律、法规、规章规定的其他违法行为。

养老机构及其工作人员违反本办法有关规定，构成违反治安管理行为的，依法给予治安管理处罚；构成犯罪的，依法追究刑事责任。

第四十七条 民政部门及其工作人员在监督管理工作中滥用职权、玩忽职守、徇私舞弊的，对直接负责的主管人员和其他责任人员依法依规给予处分；构成犯罪的，依法追究刑事责任。

第七章 附 则

第四十八条 国家对农村五保供养服务机构的管理有特别规定的，依照其规定办理。

第四十九条 本办法自 2020 年 11 月 1 日起施行。2013 年 6 月 28 日民政部发布的《养老机构管理办法》同时废止。

个人养老金实施办法

(2022年10月26日人力资源社会保障部、财政部、国家税务总局、银保监会、证监会发布 人社部发〔2022〕70号)

第一章 总 则

第一条 为贯彻落实《国务院办公厅关于推动个人养老金发展的意见》(国办发〔2022〕7号),加强个人养老金业务管理,规范个人养老金运作流程,制定本实施办法。

第二条 个人养老金是指政府政策支持、个人自愿参加、市场化运营、实现养老保险补充功能的制度。个人养老金实行个人账户制,缴费完全由参加人个人承担,自主选择购买符合规定的储蓄存款、理财产品、商业养老保险、公募基金等金融产品(以下统称个人养老金产品),实行完全积累,按照国家有关规定享受税收优惠政策。

第三条 本实施办法适用于个人养老金的参加人、人力资源社会保障部组织建设的个人养老金信息管理服务平台(以下简称信息平台)、金融行业平台、参与金融机构和相关政府部门等。

个人养老金的参加人应当是在中国境内参加城镇职工基本养老保险或者城乡居民基本养老保险的劳动者。金融行业平台为金融监管部门组织建设的业务信息平台。参与金融机构包括经中国银行保险监督管理委员会确定开办个人养老金资金账户业务的商业银行(以下简称商业银行),以及经金融监管部门确定的个人养老金产品发行机构和销售机构。

第四条 信息平台对接商业银行和金融行业平台,以及相关政府部门,为个人养老金实施、参与部门职责内监管和政府宏观指导提供支持。

信息平台通过国家社会保险公共服务平台、全国人力资源和社会保障政务服务平台、电子社保卡、掌上12333APP等全国统一线上服务入口或者商业银行等渠道,为参加人提供个人养老金服务,支持参加人开立个人养老金账户,查询个人养老金资金账户缴费额度、个人资产信息和个人养老金产品等信息,根据参加人需要提供涉税凭证。

第五条　各参与部门根据职责,对个人养老金的实施情况、参与金融机构和个人养老金产品等进行监管。各地区要加强领导、周密部署、广泛宣传,稳妥有序推动个人养老金发展。

第二章　参加流程

第六条　参加人参加个人养老金,应当通过全国统一线上服务入口或者商业银行渠道,在信息平台开立个人养老金账户;其他个人养老金产品销售机构可以通过商业银行渠道,协助参加人在信息平台在线开立个人养老金账户。

个人养老金账户用于登记和管理个人身份信息,并与基本养老保险关系关联,记录个人养老金缴费、投资、领取、抵扣和缴纳个人所得税等信息,是参加人参加个人养老金、享受税收优惠政策的基础。

第七条　参加人可以选择一家商业银行开立或者指定本人唯一的个人养老金资金账户,也可以通过其他符合规定的个人养老金产品销售机构指定。

个人养老金资金账户作为特殊专用资金账户,参照个人人民币银行结算账户项下Ⅱ类户进行管理。个人养老金资金账户与个人养老金账户绑定,为参加人提供资金缴存、缴费额度登记、个人养老金产品投资、个人养老金支付、个人所得税税款支付、资金与相关权益信息查询等服务。

第八条　参加人每年缴纳个人养老金额度上限为12000元,参加人每年缴费不得超过该缴费额度上限。人力资源社会保障部、财政部根据经济社会发展水平、多层次养老保险体系发展情况等因素适时调整缴费额度上限。

第九条　参加人可以按月、分次或者按年度缴费,缴费额度按自然年度累计,次年重新计算。

第十条　参加人自主决定个人养老金资金账户的投资计划,包括个人养老金产品的投资品种、投资金额等。

第十一条 参加人可以在不同商业银行之间变更其个人养老金资金账户。参加人办理个人养老金资金账户变更时,应向原商业银行提出,经信息平台确认后,在新商业银行开立新的个人养老金资金账户。

参加人在个人养老金资金账户变更后,信息平台向原商业银行提供新的个人养老金资金账户及开户行信息,向新商业银行提供参加人当年剩余缴费额度信息。参与金融机构按照参加人的要求和相关业务规则,为参加人办理原账户内资金划转及所持有个人养老金产品转移等手续。

第十二条 个人养老金资金账户封闭运行,参加人达到以下任一条件的,可以按月、分次或者一次性领取个人养老金。

(一)达到领取基本养老金年龄;
(二)完全丧失劳动能力;
(三)出国(境)定居;
(四)国家规定的其他情形。

第十三条 参加人已领取基本养老金的,可以向商业银行提出领取个人养老金。商业银行受理后,应通过信息平台核验参加人的领取资格,获取参加人本人社会保障卡银行账户,按照参加人选定的领取方式,完成个人所得税代扣后,将资金划转至参加人本人社会保障卡银行账户。

参加人符合完全丧失劳动能力、出国(境)定居或者国家规定的其他情形等领取个人养老金条件的,可以凭劳动能力鉴定结论书、出国(境)定居证明等向商业银行提出。商业银行审核并报送信息平台核验备案后,为参加人办理领取手续。

第十四条 鼓励参加人长期领取个人养老金。

参加人按月领取时,可以按照基本养老保险确定的计发月数逐月领取,也可以按照自己选定的领取月数逐月领取,领完为止;或者按照自己确定的固定额度逐月领取,领完为止。

参加人选取分次领取的,应选定领取期限,明确领取次数或方式,领完为止。

第十五条 参加人身故的,其个人养老金资金账户内的资产可以继承。

参加人出国(境)定居、身故等原因社会保障卡被注销的,商业银行将参加人个人养老金资金账户内的资金转至其本人或者继承人指定的资金账户。

第十六条 参加人完成个人养老金资金账户内资金(资产)转移,或者账户内的资金(资产)领取完毕的,商业银行注销该资金账户。

第三章 信息报送和管理

第十七条 信息平台对个人养老金账户及业务数据实施统一集中管理,与基本养老保险信息、社会保障卡信息关联,支持制度实施监控、决策支持等。

第十八条 商业银行应及时将个人养老金资金账户相关信息报送至信息平台。具体包括:

(一)个人基本信息。包括个人身份信息、个人养老金资金账户信息等;

(二)相关产品投资信息。包括产品交易信息、资产信息;

(三)资金信息。包括缴费信息、资金划转信息、相关资产转移信息、领取信息、缴纳个人所得税信息、资金余额信息等。

第十九条 商业银行根据业务流程和信息的时效性需要,按照实时核验、定时批量两类时效与信息平台进行交互,其中:

(一)商业银行在办理个人养老金资金账户开立、变更、注销和资金领取等业务时,实时核验参加人基本养老保险参保状态、个人养老金账户和资金账户唯一性,并报送有关信息;

(二)商业银行在办理完个人养老金资金账户开立、缴费、资金领取,以及提供与个人养老金产品交易相关的资金划转等服务后,定时批量报送相关信息。

第二十条 金融行业平台应及时将以下数据报送至信息平台。

(一)个人养老金产品发行机构、销售机构的基本信息;

(二)个人养老金产品的基本信息;

(三)参加人投资相关个人养老金产品的交易信息、资产信息数据等。

第二十一条 信息平台应当及时向商业银行和金融行业平台提供技术规范,确保对接顺畅。

推进信息平台与相关部门共享信息,为规范制度实施、实施业务监管、优化服务体验提供支持。

第四章 个人养老金资金账户管理

第二十二条 商业银行应完成与信息平台、金融行业平台的系统对接，经验收合格后办理个人养老金业务。

第二十三条 商业银行可以通过本机构柜面或者电子渠道，为参加人开立个人养老金资金账户。

商业银行为参加人开立个人养老金资金账户，应当通过信息平台完成个人养老金账户核验。

商业银行也可以核对参加人提供的由社会保险经办机构出具的基本养老保险参保证明或者个人权益记录单等相关材料，报经信息平台开立个人养老金账户后，为参加人开立个人养老金资金账户，并与个人养老金账户绑定。

第二十四条 参加人开立个人养老金资金账户时，应当按照金融监管部门要求向商业银行提供有效身份证件等材料。

商业银行为参加人开立个人养老金资金账户，应当严格遵守相关规定。

第二十五条 个人养老金资金账户应支持参加人通过商业银行结算账户、非银行支付机构、现金等途径缴费。商业银行应为参加人、个人养老金产品销售机构等提供与个人养老金产品交易相关的资金划转服务。

第二十六条 商业银行应实时登记个人养老金资金账户的缴费额度，对于超出当年缴费额度上限的，应予以提示，并不予受理。

第二十七条 商业银行应根据相关个人养老金产品交易结果，记录参加人交易产品信息。

第二十八条 商业银行应为参加人个人养老金资金账户提供变更服务，并协助做好新旧账户衔接和旧账户注销。原商业银行、新商业银行应通过信息平台完成账户核验、账户变更、资产转移、信息报送等工作。

第二十九条 商业银行应当区别处理转移资金，转移资金中的本年度缴费额度累计计算。

第三十条 个人养老金资金账户当日发生缴存业务的，商业银行不应为其办理账户变更手续。办理资金账户变更业务期间，原个人养老金资金账户不允许办理缴存、投资以及支取等业务。

第三十一条 商业银行开展个人养老金资金账户业务，应当公平对待符合规定的个人养老金产品发行机构和销售机构。

第三十二条　商业银行应保存个人养老金资金账户全部信息自账户注销日起至少十五年。

第五章　个人养老金机构与产品管理

第三十三条　个人养老金产品及其发行、销售机构由相关金融监管部门确定。个人养老金产品及其发行机构信息应当在信息平台和金融行业平台同日发布。

第三十四条　个人养老金产品应当具备运作安全、成熟稳定、标的规范、侧重长期保值等基本特征。

第三十五条　商业银行、个人养老金产品发行机构和销售机构应根据有关规定，建立健全业务管理制度，包括但不限于个人养老金资金账户服务、产品管理、销售管理、合作机构管理、信息披露等。商业银行发现个人养老金实施中存在违规行为、相关风险或者其他问题的，应及时向监管部门报告并依规采取措施。

第三十六条　个人养老金产品交易所涉及的资金往来，除另有规定外必须从个人养老金资金账户发起，并返回个人养老金资金账户。

第三十七条　个人养老金产品发行、销售机构应为参加人提供便利的购买、赎回等服务，在符合监管规则及产品合同的前提下，支持参加人进行产品转换。

第三十八条　个人养老金资金账户内未进行投资的资金按照商业银行与个人约定的存款利率及计息方式计算利息。

第三十九条　个人养老金产品销售机构要以"销售适当性"为原则，依法了解参加人的风险偏好、风险认知能力和风险承受能力，做好风险提示，不得主动向参加人推介超出其风险承受能力的个人养老金产品。

第六章　信　息　披　露

第四十条　人力资源社会保障部、财政部汇总并披露个人养老金实施情况，包括但不限于参加人数、资金积累和领取、个人养老金产品的投资运作数据等情况。

第四十一条 信息披露应当以保护参加人利益为根本出发点,保证所披露信息的真实性、准确性、完整性,不得有虚假记载、误导性陈述和重大遗漏。

第七章 监督管理

第四十二条 人力资源社会保障部、财政部根据职责对个人养老金的账户设置、缴费额度、领取条件、税收优惠等制定具体政策并进行运行监管。税务部门依法对个人养老金实施税收征管。

第四十三条 人力资源社会保障部对信息平台的日常运行履行监管职责,规范信息平台与商业银行、金融行业平台、有关政府部门之间的信息交互流程。

第四十四条 人力资源社会保障部、财政部、税务部门在履行日常监管职责时,可依法采取以下措施:

(一)查询、记录、复制与被调查事项有关的个人养老金业务的各类合同等业务资料;

(二)询问与调查事项有关的机构和个人,要求其对有关问题做出说明、提供有关证明材料;

(三)其他法律法规和国家规定的措施。

第四十五条 中国银行保险监督管理委员会、中国证券监督管理委员会根据职责,分别制定配套政策,明确参与金融机构的名单、业务流程、个人养老金产品条件、监管信息报送等要求,规范银行保险机构个人养老金业务和个人养老金投资公募基金业务,对参与金融机构发行、销售个人养老金产品等经营活动依法履行监管职责,督促参与金融机构优化产品和服务,做好产品风险提示,加强投资者教育。

参与金融机构违反本实施办法的,中国银行保险监督管理委员会、中国证券监督管理委员会依法依规采取措施。

第四十六条 中国银行保险监督管理委员会、中国证券监督管理委员会对金融行业平台有关个人养老金业务的日常运营履行监管职责。

第四十七条 各参与部门要加强沟通,通过线上线下等多种途径,及时了解社会各方面对个人养老金的意见建议,处理个人养老金实施过程中的咨询投诉。

第四十八条 各参与机构应当积极配合检查,如实提供有关资料,不得拒绝、阻挠或者逃避检查,不得谎报、隐匿或者销毁相关证据材料。

第四十九条 参与机构违反本实施办法规定或者相关法律法规的,人力资源社会保障部、财政部、税务部门按照职责依法依规采取措施。

第八章 附 则

第五十条 中国银行保险监督管理委员会、人力资源社会保障部会同相关部门做好个人税收递延型商业养老保险试点与个人养老金的衔接。

第五十一条 本实施办法自印发之日起施行。

第五十二条 人力资源社会保障部、财政部、国家税务总局、中国银行保险监督管理委员会、中国证券监督管理委员会根据职责负责本实施办法的解释。

中共中央办公厅、国务院办公厅关于推进基本养老服务体系建设的意见

(2023年5月印发)

基本养老服务在实现老有所养中发挥重要基础性作用,推进基本养老服务体系建设是实施积极应对人口老龄化国家战略,实现基本公共服务均等化的重要任务。党的十八大以来,在党中央坚强领导下,基本养老服务加快发展,内容逐步拓展,公平性、可及性持续增强。为贯彻落实党中央、国务院有关决策部署,健全基本养老服务体系,更好保障老年人生活,现提出如下意见。

一、总体要求

（一）指导思想。以习近平新时代中国特色社会主义思想为指导，立足新发展阶段，完整、准确、全面贯彻新发展理念，构建新发展格局，坚持党对基本养老服务体系建设的全面领导，坚持以人民为中心，坚持以改革创新为根本动力，加快建成覆盖全体老年人、权责清晰、保障适度、可持续的基本养老服务体系，不断增强老年人的获得感、幸福感、安全感。

（二）主要任务。基本养老服务是指由国家直接提供或者通过一定方式支持相关主体向老年人提供的，旨在实现老有所养、老有所依必需的基础性、普惠性、兜底性服务，包括物质帮助、照护服务、关爱服务等内容。基本养老服务的对象、内容、标准等根据经济社会发展动态调整，"十四五"时期重点聚焦老年人面临家庭和个人难以应对的失能、残疾、无人照顾等困难时的基本养老服务需求。

（三）工作原则

——基础性原则。立足我国基本国情，统筹考虑必要性和可能性，着眼保基本、广覆盖、可持续，尽力而为、量力而行，保障老年人的基本生活和照料需要。

——普惠性原则。在提高基本公共服务均等化水平的过程中，逐步拓展基本养老服务的对象和内容，使所有符合条件的老年人能够方便可及、大致均等地获得基本养老服务。

——共担性原则。在赡养人、扶养人切实履行赡养、扶养义务基础上，通过提供基本养老服务、发挥市场作用、引导社会互助共济等方式，帮助困难家庭分担供养、照料方面的负担。

——系统性原则。推动社会保险、社会救助、社会福利、慈善事业、老年优待等制度资源优化整合，强化各相关领域体制改革配套衔接，支持基本养老服务体系发展。

二、重点工作

（一）制定落实基本养老服务清单。各地区各有关部门要严格落实《国家基本养老服务清单》（见附件）。《国家基本养老服务清单》明确的对象、项目、内容等，根据经济社会发展水平、财力状况等因素动态调整，由民政部会同相关部门适时提出修订意见，按程序报批后以部门名义印发实施。省级政府应当对照《国家基本养老服务清单》制定并发布本地区基本养老服务具体实施方案及清单,明确具体服务对象、内容、标准等,其清单应当包含《国家基本养老服务清单》中的服务项目,且覆盖范围和实现程度不得低于《国家基本养老服务清单》要求。到2025年,基本养老服务制度体系基本健全,基本养老服务清单不断完善,服务对象、服务内容、服务标准等清晰明确,服务供给、服务保障、服务监管等机制不断健全,基本养老服务体系覆盖全体老年人。

(二)建立精准服务主动响应机制。建立老年人状况统计调查和发布制度,开展老年人能力综合评估,制定完善全国统一的评估标准,推动评估结果全国范围互认、各部门按需使用。依托全国一体化政务服务平台,推进跨部门数据共享,建立困难老年人精准识别和动态管理机制,细化与常住人口、服务半径挂钩的制度安排,逐步实现从"人找服务"到"服务找人"。推动在残疾老年人身份识别、待遇享受、服务递送、无障碍环境建设等方面实现资源整合,加强残疾老年人养老服务保障。面向独居、空巢、留守、失能、重残、计划生育特殊家庭等老年人提供探访关爱服务。支持基层老年协会、志愿服务组织等参与探访关爱服务。依托基层管理服务平台,提供养老服务政策咨询、信息查询、业务办理等便民养老服务。

(三)完善基本养老服务保障机制。推动建立相关保险、福利、救助相衔接的长期照护保障制度。合理确定经济困难失能老年人护理补贴覆盖范围和补贴标准。地方各级政府应当建立基本养老服务经费保障机制,中央财政统筹现有资金渠道给予支持。落实发展养老服务优惠扶持政策,鼓励社会力量参与提供基本养老服务,支持物业服务企业因地制宜提供居家社区养老服务。将政府购买服务与直接提供服务相结合,优先保障经济困难的失能、高龄、无人照顾等老年人的服务需求。具备条件的地方优化养老服务机构床位建设补助、运营补助等政策,支持养老服务机构提供基本养老服务。鼓励和引导企业、社会组织、个人等社会力量依法通过捐赠、设立慈善基金、志愿服务等方式,为基本养老服务提供支持和帮助。开展基本养老服务统计监测工作,建立基本养老服务项目统计调查制度。

(四)提高基本养老服务供给能力。设区的市级以上地方政府应当将养老服务设施(含光荣院)建设纳入相关规划,结合当地经济社会发展水平、老年人口状况和发展趋势、环境条件等因素,分级编制推动养老服务设施发展的整体方案,合理确定设施种类、数量、规模以及布局,形成结构科学、功能完备、布局合理的养老服务设施网络。各地新建城区、新建居住区要按标准和要求配套建设养老服务设施；老城区和已建成居住区要结合城镇老旧小区改造、居住区建设补短板行动等，通过补建等方式完善养老服务设施。政府投入资源或者出资建设的养老服务设施要优先用于基本养老服务。发挥公办养老机构提供基本养老服务的基础作用，研究制定推进公办养老机构高质量发展的政策措施。建立公办养老机构入住管理制度，明确老年人入住条件和排序规则，强化对失能特困老年人的兜底保障。现役军人家属和烈士、因公牺牲军人、病故军人的遗属，符合规定条件申请入住公办养老机构的，同等条件下优先安排。保障特困人员供养服务机构有效运转。到2025年确保每个县（市、区、旗）至少有1所以失能特困人员专业照护为主的县级特困人员供养服务机构。光荣院在保障好集中供养对象的前提下，可利用空余床位为其他无法定赡养人、扶养人或者法定赡养人、扶养人无赡养、扶养能力的老年优待抚恤对象提供优惠服务。鼓励支持党政机关和国有企事业单位所属培训疗养机构转型为普惠型养老服务设施。提升国有经济对养老服务体系的支持能力，强化国有经济在基本养老服务领域有效供给。

（五）提升基本养老服务便利化可及化水平。依托和整合现有资源，发展街道（乡镇）区域养老服务中心或为老服务综合体。支持养老机构运营社区养老服务设施，可按规定统筹养老服务资源。支持社会力量为老年人提供日间照料、助餐助洁、康复护理等服务。依托街道（乡镇）区域养老服务中心或为老服务综合体、社区养老服务设施以及村民委员会、社区居委会等基层力量提供家庭养老指导服务，帮助老年人家庭成员提高照护能力。将失能老年人家庭成员照护培训纳入政府购买养老服务目录，符合条件的失能老年人家庭成员参加照护培训等相关职业技能培训的，按规定给予职业培训补贴。优先推进与老年人日常生活密切相关的公共服务设施改造，为老年人提供安全、便利和舒适的环境。鼓励开展无障碍环境认证，提升无障碍环境服务水平。以满足居家生活照料、起居行动、康复护理等需求为重点，采取政府补贴等方式，对纳入分散特困供养的失能、高龄、残疾老年人家庭实施居家适老化改造，有条件的地方可将改造对象范围扩大到城乡低保对象中的失能、高龄、残疾老年人家庭等，引导社会化专业机构为其他有需求的老年人家庭提供居家适老化改造服务。鼓励发展康复辅助器具社区租赁服务，提升老年人生活自理能力和居家养老品质。积极推进养老服务认证工作。加强信息无障碍建设,降低老年人应用数字技术的难度,保留线下服务途径,为老年人获取基本养老服务提供便利。依托国家人口基础信息库推进基本养老服务对象信息、服务保障信息统一归集、互认和开放共享。

三、组织保障

(一)加强组织领导。发挥党总揽全局、协调各方的领导核心作用,坚持党政主要负责人负总责。地方各级党委和政府要将基本养老服务体系建设纳入当地经济社会发展规划和重要议事日程。中央各有关部门和单位要按照职责分工,明确落实措施和进度安排。养老服务部际联席会议要发挥牵头协调作用,研究并推动解决基本养老服务体系建设工作中的重大问题。

(二)强化督促指导和监管。省级政府要切实履行责任,落实支持政策,加强绩效评价和监督检查。民政部要会同国家发展改革委等部门,建立健全评价机制,把基本养老服务体系建设情况纳入积极应对人口老龄化综合绩效评估。各地要强化基本养老服务综合监管,确保服务质量和安全,对违法违规行为严肃追究责任。发挥标准对基本养老服务的技术支撑作用,开展服务质量第三方认证。

(三)营造良好社会氛围。各地区各有关部门要主动做好基本养老服务政策宣传解读,及时公开基本养老服务信息。要凝聚社会共识,充分调动各方支持配合基本养老服务体系建设的积极性和主动性。

附件:国家基本养老服务清单

附件

国家基本养老服务清单

对象		服务项目	服务内容	服务类型
达到待遇享受年龄的老年人	1	职工基本养老保险	为符合条件的参保老年人按时足额发放基本养老金	物质帮助
	2	城乡居民基本养老保险	为符合条件的参保老年人发放基础养老金和个人账户养老金	物质帮助

续表

对象		服务项目	服务内容	服务类型
65周岁及以上老年人	3	老年人能力综合评估	为65周岁及以上老年人提供能力综合评估,做好老年人能力综合评估与健康状况评估的衔接	照护服务
80周岁及以上老年人	4	高龄津贴	为80周岁及以上老年人发放高龄津贴	物质帮助
经济困难的老年人	5	养老服务补贴	为经济困难的老年人提供养老服务补贴	物质帮助
	6	家庭适老化改造	按照相关标准,分年度逐步为经济困难的老年人家庭提供无障碍改造服务	照护服务
经认定生活不能自理的老年人	7	护理补贴	为经认定生活不能自理的经济困难老年人提供护理补贴	物质帮助
	8	家庭养老支持服务	符合条件的失能老年人家庭成员参加照护培训等相关职业技能培训的,按规定给予职业培训补贴	照护服务
纳入最低生活保障范围的老年人	9	最低社会保障	对获得最低生活保障金后生活仍有困难的老年人,采取必要措施给予生活保障	物质帮助
特困老年人	10	分散供养	对选择在家供养的特困老年人,由县级政府民政部门依照有关规定给予分散供养,提供基本生活条件、疾病治疗、办理丧葬事宜等,对生活不能自理的给予照料	照护服务
	11	集中供养	对需要集中供养的特困老年人,由县级政府民政部门按照便于管理的原则,就近安排到相应的供养服务机构,提供基本生活条件、疾病治疗、办理丧葬事宜等,对生活不能自理的给予照料	照护服务
特殊困难老年人	12	探访服务	面向独居、空巢、留守、失能、重残、计划生育特殊家庭等老年人提供探访关爱服务	关爱服务

续表

对象		服务项目	服务内容	服务类型
对国家和社会作出特殊贡献的老年人	13	集中供养	老年烈士遗属、因公牺牲军人遗属、病故军人遗属和进入老年的残疾军人、复员军人、退伍军人,无法定赡养人、扶养人或者法定赡养人、扶养人无赡养、扶养能力且享受国家定期抚恤补助待遇的,提供集中供养、医疗等保障	照护服务
计划生育特殊家庭老年人	14	优先享受机构养老	同等条件下优先入住政府投资兴办的养老机构	照护服务
经认定符合条件的残疾老年人	15	困难残疾人生活补贴和重度残疾人护理补贴	为最低生活保障家庭中的残疾老年人提供生活补贴,为残疾等级被评定为一级、二级且需要长期照护的重度残疾老年人提供护理补贴	物质帮助
生活无着的流浪、乞讨老年人	16	社会救助	依照有关规定给予救助	物质帮助

附录二 典型案例

最高人民法院发布老年人权益保护十大典型案例[①]

案例一

唐某三人诉俞某某返还原物纠纷案

一、基本案情

案涉房屋原系唐某三人的父亲唐某某与母亲韩某某的夫妻共同财产。2007年,韩某某去世。2008年,唐某三人通过继承遗产及唐某某的房屋产权赠与,取得案涉房屋所有权,并出具承诺书,承诺:父亲唐某某及其续弦未离世前,有终身无偿居住该房屋的权利,但此房只能由唐某某及其续弦居住,其无权处置(出租、出售、出借等),唐某三人无权自行处置该房产。后俞某某与唐某某登记结婚,共同居住案涉房屋。2016年1月,唐某某去世,64岁的俞某某仍居住在内。同年6月,唐某离婚,其以无房居住为由要求入住该房屋,遭俞某某拒绝。唐某三人提起本案诉讼,要求判令俞某某立即返还唐某三人名下的案涉房屋。

二、裁判结果

安徽省合肥市庐阳区人民法院认为,唐某三人在取得案涉房屋所有权时作出的承诺系其真实意思表示,且不违反法律强制性规定,俞某某依据该承诺享有继续在案涉房屋居住的权利,唐某三人应按承诺履行其义务。同时,

---

[①] 本文摘自人民法院网,网址:https://www.chinacourt.org/article/detail/2021/02/id/5818108.shtml。

俞某某不存在违反承诺书中对案涉房屋出租、出售、出借的行为,故对唐某三人要求俞某某立即返还其名下案涉房屋的请求,不予支持,判决驳回唐某三人的诉讼请求。

三、典型意义

物权人将房产赠与他人,受赠人承诺允许赠与人及其再婚配偶继续居住使用房屋至去世。在现行法律规定下,该承诺应视为赠与人作出赠与房产时所附的赠与义务,或称之为附条件的赠与。在房产已经转移登记至受赠人后,受赠人无权单方撤销承诺。本案纠纷发生时我国法律并未直接对居住权作出规定,在此情况下,应充分尊重当事人的意思自治。本案的裁判结果不仅符合情理,也与新颁布实施的《中华人民共和国民法典》关于居住权规定的相关精神一致,即不动产过户后,原物权人继续使用不动产,该种保留房屋居住使用权的赠与,可视为设立居住权的合同,新产权人亦无权单方撤销该合同。这一审判思路贯彻了党的十九大提出的加快建立多主体供给多渠道保障住房制度的要求,有利于解决老年人赡养、婚姻家庭生活中涉及的房产问题,保障老有所居,切实保护老年人的权益。

案例二

王某诉中国工商银行股份有限公司北京某支行财产损害赔偿纠纷案

一、基本案情

2015年,62岁的王某在北京某银行处申购HT集合资产管理计划产品(金额100万)和HA基金产品(金额70万),其签订的申请书载明:"……不是我行发行的理财产品……可能产生风险,无法实现预期投资收益……投资风险由您自行承担……"该行测评王某风险承受能力为平衡型,HT为低风险,HA为高风险,HA风险级别高于王某的风险承受能力。王某签署电子风险揭示书,后收取分红收益5万元。2017年其申请赎回时份额约100万份,金额约80万元。王某起诉请求判令该行赔偿本金约23万元、利息16万元并三倍赔偿68万元。

二、裁判结果

北京市第二中级人民法院认为,案涉《资产管理合同》及《风险揭示书》等均系银行依循的规范性文件或自身制定的格式合同,不足以作为双方就案涉金融产品相关情况充分沟通的凭证。银行对王某作出的风险承受能力评估为平衡型,但案涉金融产品合同中显示的风险等级并非均为低风险,该行违反提示说明义务,未证实购买该产品与王某情况及自身意愿达到充分适当匹配的程度;未能证明其已经对金融消费者的风险认知、风险偏好和风险承受能力进行了当面测试并向其如实告知、详尽说明金融产品内容和主要风险因素等,应当承担举证不能的法律后果。同时,王某有投资理财经验,应当知晓签字确认行为效力;本案投资亏损的直接原因是金融市场的正常波动,并非该行的代理行为导致,王某亦应对投资损失承担一定的责任。故判决银行赔偿王某7万元。

三、典型意义

第一,明确规则尺度,保护老年人金融消费安全,首案效应突出。本案是《全国法院民商事审判工作会议纪要》发布后首批维护金融消费者权益案件之一,指出银行应就投资者的年龄、投资经验、专业能力进行审查并考虑老年消费者情况等,对老年投资者应给予特别提示,结合民商事法律、《会议纪要》精神和社会发展实际提出了金融机构提示说明义务和金融消费者注意义务等判断标准。对如何为老年人提供更加合法、安全的投资理财消费环境,具有积极意义。第二,回应人民需求,弘扬社会主义核心价值观,体现时代发展。随着经济快速发展和人口老龄化程度加剧,针对老年群众的金融理财产品层出不穷。要将社会主义核心价值观具体贯彻到审判中,妥善处理和回应金融产品消费与信息化结合中产生的新问题,贯彻民法典立法精神,保护老年消费者的契约自由,为构建良好金融市场秩序、切实维护老年人权益树立典范。第三,践行司法改革,创新审理模式,助力社会治理。本案适用百姓评理团辅助审判,更好地结合法官专业性和公众的价值理念。

案例三

高某诉刘某、龙某确认合同无效纠纷案

一、基本案情

2016年,高某经人介绍参加"以房养老"理财项目,与王某签订《借款合同》,约定王某出借220万元给高某。高某将案涉房屋委托龙某全权办理出售、抵押登记等,如高某不能依约归还,则龙某有权出卖案涉房屋偿还借款本息,双方对相关事项进行了公证。后龙某作为高某的委托代理人为案涉房屋办理抵押登记,并出卖给刘某。房屋转移登记至刘某名下后,龙某自称系刘某亲属,委托房屋中介机构再次寻找买家,同时,刘某为房屋办理抵押登记,登记的抵押权人为李某。王某、龙某、李某等人在本案交易期间存在大额、密集的资金往来。后高某起诉请求判决龙某代理其签订的房屋买卖合同无效,并判令刘某将案涉房屋过户回高某名下。

二、裁判结果

北京市朝阳区人民法院认为,王某、龙某、李某等人存在十分密切的经济利益联系,相关五人系一个利益共同体,就案涉房屋买卖存在恶意串通。龙某以规避实现抵押权法定程序的方式取得出卖案涉房屋的委托代理权,且滥用代理权与买受人刘某恶意串通签订房屋买卖合同,损害了高某的合法利益,应当认定龙某代理高某与刘某就案涉房屋订立的房屋买卖合同无效。故判决确认案涉房屋买卖合同无效,刘某协助将案涉房屋变更登记至高某名下。

三、典型意义

近年来,"以房养老"理财骗局事件频发。许多老年人为投资"以房养老"理财项目,将自有房产进行抵押,背负巨额债务,又在行为人的恶意串通之下失去自有房产,导致房财两失。此类"套路贷"难以根除的原因之一,是行为人常常在法律空白或者规定不明确的领域,利用老年人性格特点以及寻求投、融资渠道的迫切心理,披上"迷惑外套"变装成"以房养老"理财项目,进而非法占有老年人房产。人民法院在对"套路贷"采取刑事手段打击的同时,亦应注重通过民事审判依法维护老年人的合法财产权益,保障人民群众老有所养、住有所居,切实享受到国家"以房养老"政策的红利。同时,也提醒老年人,还需时刻保持理性和冷静,审慎选择投、融资渠道,以免落入"请君入瓮"的"套路"之中。

案例四

陈某某赡养费纠纷案

一、基本案情

陈某某与妻子1952年结婚,婚后育有二子、三女,妻子及两个儿子均已去世。现陈某某同小女儿生活。陈某某年事已高且体弱多病,希望女儿常回家探望照顾自己,因女儿不同意负担陈某某的医药费及赡养费,故诉请判令长女和次女每月探望其不少于一次,患病期间三女儿必须轮流看护;三女儿共同给付陈某某医疗费、赡养费。

二、裁判结果

黑龙江省佳木斯市前进区人民法院认为,子女对父母有赡养扶助的义务,子女不履行赡养义务时,无劳动能力或生活困难的父母,有要求子女给付赡养费的权利。子女不能因为父母有退休收入或者有一定的经济来源就完全将父母置之不顾,这不仅违反法律规定,也不符合中华民族"百善孝为先"的传统美德。子女对于不在一起生活的父母,应根据其实际生活需要、实际负担能力、当地一般生活水平,给付一定的赡养费用。本案陈某某年事已高且身患疾病,三个女儿作为赡养人,应当履行对其经济上供养、生活上照料和精神上慰藉的义务,故判决长女和次女每月探望陈某某不少于一次,并给付陈某某赡养费,三女儿共同负担陈某某医疗费用。

三、典型意义

近年来,随着生活水平的不断提高,老人对子女经济供养方面的要求越来越少,越来越多的老人更加注重精神层面的需求,涉及"精神赡养"的案件数量也有所上升,该类案件执行情况远比给付金钱的案件要难得多,且强制执行远不及主动履行效果好,希望"常回家看看"是子女们发自内心的行为,而不是强制执行的结果。"精神赡养"和"物质赡养"同样重要。老人要求子女定期探望的诉求,是希望子女能够承欢膝下,符合法律规定,体现中华民族传统的孝道,应当得到支持。"百善孝为先",对老人的赡养绝不是一纸冷冰冰的判决就可以完成的,希望所有子女能够常回家看看,多关注老年人的精神需求。

案例五

刘某芽赡养纠纷案

一、基本案情

刘某芽与妻子共生育四子女,均已成年并结婚。刘某如系其子,与刘某芽相邻而居。2010年,刘某如意外受伤,认为父母在其受伤休养期间未对其进行照料,产生矛盾,此后矛盾日益加剧,刘某如长期不支付父母的生活费,亦未照顾父母生活起居。2019年,母亲因病去世,刘某如拒绝操办丧葬事宜,亦未支付相关费用,有关丧葬事宜由刘某芽与其他三子女共同操办。经村干部调解,刘某如仍拒绝支付赡养费及照顾刘某芽的生活起居。因刘某芽年迈且患有心脏病,行动不便,新干县检察院指派检察员出庭支持起诉,认为刘某芽现年80岁,已无劳动能力,生活来源仅靠其他子女接济,尚不足以负担生活及医疗费用,子女有赡养老人的义务,刘某芽要求刘某如支付赡养费及丧葬费的诉请应得到支持。

二、裁判结果

江西省新干县人民法院认为,孝敬父母是中华民族的优良传统,子女应当履行赡养义务,不应附加任何条件。刘某芽年事已高,身患疾病,无生活来源、无劳动能力,刘某如应依法对其承担赡养义务。同时,赡养父母的义务不仅包含给予父母经济供养及生活照料,还应给予父母精神上的慰藉,也应当在父母百年之后及时妥善地办理丧葬事宜,刘某如拒绝支付丧葬费,不符合法律规定,亦违背伦理道德。故判决刘某如每年支付刘某芽赡养费,并支付其母亲办理丧葬事宜的费用。

三、典型意义

子女赡养父母不仅是德之根本,也是法律明确规定的义务。在家庭生活中,家庭成员之间虽有矛盾,但赡养父母是法定义务,子女应当对老年人经济上供养、生活上照料、精神上慰藉,以及为经济困难的父母承担医疗费用等,不得以任何理由和借口拒绝履行赡养义务。关心关爱老年人,让老年人感受到司法的温暖是司法义不容辞的责任。民事诉讼在一般情况下只能由民事权益受到侵害或者发生争议的主体提出,无需其他组织或个人干预。在特殊情况下,受到损害的单位或个人不敢或不能独立保护自己的合法权益,需要有关组织给予支持,运用社会力量帮助弱势群体实现诉讼权利。支持起诉原则打破了民事主体之间的相对性,允许无利害关系的人民检察院介入到诉讼中,能够在弱势群体的利益受到侵害时切实为其维护权益。

案例六

郗某某、周某四人与凌海市某老人之家、中国人民财产保险股份有限公司某分公司服务合同纠纷案

一、基本案情

郗某某系周某某妻子,周某四人系郗某某与周某某子女。2017年1月17日,近80岁的周某某及其儿子与凌海市某老人之家签订养老服务合同,周某某当日入住。入住评估表记载:老人刚出院,此前在家中走丢,因冻伤住院治疗合并有脑血栓,入院时手脚均存在冻伤,护理等级为半自理。2017年1月27日,周某某自居住的房屋内走出,通过未上锁的防火通道门至餐厅,从南门走出楼房,后走到养老院东侧道路。凌海市某老人之家于2017年1月28日报警,民警在凌海市大凌河桥下发现周某某已死亡。郗某某、周某四人为此诉请凌海市某老人之家赔偿经济损失199954元。

二、裁判结果

辽宁省凌海市人民法院认为,养老院明知周某某有离家走丢的经历且安全防火通道门不允许上锁的情况下,仍未能增加安全防护措施,无提示、警示措施,虽安装有监控设施,值班人员也未能及时发现并有效防止老人在夜间走丢。养老院未能尽到相应的注意义务,应承担经济损失的60%责任,即

116972.4元。凌海市养老院在保险公司投有养老服务机构责任保险,该公司应在责任限额内赔偿损失。故判决中国人民财产保险股份有限公司某分公司一次性赔偿郜某某、周某四人116972.4元,凌海市某老人之家一次性返还郜某某、周某四人养老服务费用及押金合计2000元。

三、典型意义

由于我国人口老龄化,老年人数量增多,且老年人选择在养老院生活、居住的情况亦有增加趋势,如何保障老年人的权益成为整个社会必须关心和思考的问题。养老院未尽到相应的注意和照管义务,致使老人发生意外死亡,应当承担相应的损害赔偿责任。本案裁判对社会上的养老机构敲响了警钟,养老机构应当尽到责任,排除危害老人生命健康的安全隐患,提高管理水平、提升护理从业人员素质和护理服务能力,充分保障老年人人身、财产安全。本案对于促进养老机构规范化、标准化运行,全面提升养老院服务质量,保证老年人晚年生活幸福具有积极意义。

案例七

贾某诉李某某继承纠纷案

一、基本案情

李某某系被继承人曹某某母亲,年近七十。贾某系曹某某妻子,双方于2019年6月4日登记结婚。2019年8月7日曹某某因所在单位组织的体育活动中突发疾病去世。曹某某父亲已于之前去世,曹某某无其他继承人。被继承人曹某某去世后,名下遗留房产若干、存款若干元及其生前单位赔偿金、抚恤金若干元。贾某诉请均分曹某某遗产。本案在审理过程中,人民法院引入了专业的心理咨询师参与庭前准备工作,逐步缓解失独老人不愿应诉、拒绝沟通的心态,同时也对原告进行心理介入,疏导其与被告的对立情绪;在庭审中做了细致的心理工作,宣解中华传统优良家风,修复了双方因失去亲人造成的误解和疏远。本案虽然并未当庭达成和解,但在宣判之后,双方当事人多次向合议庭表达满意,并在本案一审判决生效后自行履行完毕。

二、裁判结果

陕西省西安市新城区人民法院认为，本案被继承人无遗嘱，应按照法定继承进行遗产分配。对被继承人尽了主要抚养义务或者与被继承人共同生活的继承人，分配遗产时，可以多分。结合对子女抚养的付出及贾某与被继承人结婚、共同生活时间、家庭日常贡献等因素，酌定遗产分配比例为：贾某分配20%，李某某分配80%。工亡补助金部分不属于遗产范围，被继承人单位已考虑实际情况对李某某予以充分照顾，故二人各分配50%。

三、典型意义

本案被继承人无遗嘱，应以法定继承进行遗产分配。对被继承人尽了主要扶养义务或者与被继承人共同生活的继承人，分配遗产时可以多分。被继承人母亲将其抚养长大，付出良多，痛失独子，亦失去了照顾其安度晚年的人，理应在遗产分配时予以照顾。法院在审理此类涉及保护老年人权益案件及遗产继承纠纷案件时，应注重对当事人进行心理疏导工作，充分释明法律规定，宣讲优良家风，修复双方的对立关系；利用多元化纠纷解决机制，化解家庭矛盾，弘扬中华孝文化，体现老有所养、尊老爱幼、维护亲情的和谐家风。

案例八

于某某诉北京某旅行社及其分公司旅游合同纠纷案

一、基本案情

2019年12月，20位老年人与案外人张某某协商组团前往福建旅游事宜，张某某负责安排签订合同及对接，于某某作为老年人团体的代表，通过微信转账向其交付旅游费用。后收到旅行社发送的电子合同，因参团人员变动多次发生修改，旅行社数次向其发送的电子合同均带有合同专用章。次年1月，旅行社再次发送电子合同后，原告代表20人签字予以确认。合同对签约双方、旅游产品名称、旅游日期、旅游费用等进行约定，并附有游客身份信息和旅游行程单。后因疫情未能出行。于某某与张某某沟通退款事宜，张某某以公司未向其退款为由拒绝退还,20位老人均诉至法院。旅行社辩称,张某某并非其员工,与于某某沟通签约并非经其授权履行的职务行为,无权代理及收取旅游费用。

二、裁判结果

上海市静安区人民法院认为,本案中,于某某所代表的20位老年人向张某某支付旅游费用及多次修改合同后,均及时收到电子合同,合同均有旅行社的签章,张某某承诺减免的旅游费用也与合同一致,于某某等人有理由相信张某某系旅行社员工,其签订旅游合同及交付旅游款项系善意且无过失。张某某的行为具有已被授予代理权的外观,致使于某某等人相信其有权而支付旅游费用,应发生与有权代理同样的法律效力,故判决旅行社向张某某返还上述费用。

三、典型意义

本案系老年人在无代理人情况下涉复杂法律问题的团体性维权类案件,具有典型示范意义。随着社会的发展,老龄团体追求愉悦生活的愿望强烈,退休后,老年人闲暇时间较多,约上好友外出旅游成为常态,而在旅游中遭受损失投诉无门时只能走法律途径,维权困难成为此类案件特点。此类案件及时、妥善处理,有利于切实保护老年人权益。此案也能有效引导旅游机构依法订立合同,规范签约行为,自觉遵守市场交易秩序。同时提醒老年人在签订旅游合同时,要注意审查相对人是否有相应的代理权和签约资质,并及时通过诉讼途径维护自身权益,对老年人维权、规范旅游行业具有积极的引导作用。

案例九

周某诉龚某侵权责任纠纷案

一、基本案情

2017年1月13日,龚某华及其女儿龚某将龚某华的母亲,92岁的周某,带至农村信用社某营业厅,对其账户进行挂失,取出存款24万元并存入龚某账户。周某系文盲,上述柜台业务办理均由龚某操作,银行业务员需要周某拍照确认时,龚某将坐在轮椅上的周某推到柜台摄像头前拍照,再推回等候席,将材料让周某捺完印后再交给银行业务员。龚某、业务员均未和周某进行交流。周某诉至法院称,龚某华及龚某以帮助办理银行存款为由,将其骗至银行并转走存款,周某得知后,要求龚某返还,遭到拒绝,故诉请龚某返还上述款项。

二、裁判结果

浙江省嘉兴市南湖区人民法院认为,周某在龚某华将其存款取出并转移时对该项事实并不知情,龚某华在未取得周某同意的情况下,擅自将周某的存款转移到个人账户占有,其行为侵害了周某的财产所有权,应当返还存款。关于龚某认为案涉存款系周某赠与给龚某华的抗辩,并无相关证据予以证实,且根据周某的陈述,龚某华取得其存款的行为并非出于其自愿给付,故对龚某的抗辩,不予采信。该院判决龚某返还周某 24 万元。

三、典型意义

公民对个人的财产依法享有占有、使用、收益和处分的权利。老年人由于身体状况、行动能力等原因,往往难以有效管理、处分自有财产,在此情况下,子女更不得以窃取、骗取、强行索取等方式侵犯父母的财产权益。本案体现了反对子女"强行啃老"的价值导向,符合中华民族传统美德和社会主义核心价值观。人民法院在审理此类侵犯老年人权益的案件时,应当充分查明老年人的真实意愿,坚持保障老年人合法权益,秉持保护老年人合法财产权益的原则进行判决,有效定纷止争。

案例十

柳州市社会福利院申请作为无民事行为能力人指定监护人案

一、基本案情

被申请人孙某某,自幼智力残疾,生活无法自理,一直随其母生活。2008年,孙某某母亲年迈卧床,其所在单位主动将母子二人送至柳州市社会福利院,并办理自费入院手续。2011年母亲因病过世后,孙某某在福利院的照看下生活至今。福利院为了更好尽到监护职责,分别向民政局和孙某某所在社区居委会反映情况,经多部门协商认为,在找寻孙某某亲人无果的情况下,继续由福利院照顾较好。2018年3月,福利院委托广西脑科医院对孙某某身体情况进行司法鉴定。5月,福利院向法院申请依法宣告孙某某为无民事行为能力人,并指定福利院作为其合法监护人。

二、裁判结果

广西壮族自治区柳州市柳北区人民法院审理认为,被申请人孙某某经广西脑科医院司法鉴定所法医精神病鉴定为无民事行为能力人。另,法院主动依职权调查查明,被申请人孙某某在柳州市社会福利院居住生活了8年,无配偶、无子女;其母亲人事档案显示,孙某某的近亲属有父亲、哥哥,但无二人具体信息。孙某某长期置于无人监护的处境,柳州市社会福利院已实际保护被监护人的身体健康,照顾被监护人的生活,管理和保护被监护人的财产,对被监护人进行管理和教育等。为更好地维护孙某某的利益,指定柳州市社会福利院作为孙某某的合法监护人。若孙某某的父亲、哥哥出现,可依法另行主张权利。

三、典型意义

老年人是社会的弱势群体,保障其合法权益是全社会的共同责任。在法定顺位监护人多年缺失,无人履行监护职责的情况下,从充分保护和落实无民事行为能力人合法权益的角度出发,经法律程序指定、已形成长期基本生活依赖且担负实际监护责任的社会福利机构作为监护人,是依法保障老年人权益的有益尝试和探索,取得了良好的法律效果和社会效果。本案审理贯彻了家事案件多元化处理原则,法院与政府相关部门之间通力协作,体现了相关职能部门通过司法途径维护和保障老年人合法权益的努力。

最高人民法院发布老年人权益保护第二批典型案例

案例一

冯某某与柳某某人身安全保护令及物权保护纠纷案

关键词：反家暴、人身安全保护令

一、基本案情

冯某某女儿柳某某为了霸占其名下住房用于收租，多次以冯某某有精神病、参加传销、花巨资买保健品、要"保护"母亲财产为由，逼迫冯某某搬出。冯某某希望能独立居住，独立支配自己的退休金等合法财产。2020年，柳某某至冯某某家中大声呵斥、威胁，逼迫其搬走，持铁锤砸坏物品，抢走手机、砍断电话线以防止其报警。此后，柳某某陆续将冯某某房内冰箱、电视机、保健床垫、按摩椅等家具电器搬走并更换门锁。后经派出所调解无果。冯某某遂向人民法院提起物权保护纠纷诉讼，请求责令柳某某返还物品并停止侵害案涉住房，同时作出人身安全保护令。

二、裁判结果

广东省珠海市香洲区人民法院认为，冯某某确有面临家庭暴力的风险，裁定：一、禁止被申请人柳某某对申请人冯某某实施殴打、威胁等家庭暴力行为；二、禁止被申请人柳某某骚扰、跟踪、接触申请人冯某某；三、禁止被申请人柳某某进入申请人冯某某名下住宅。

---

① 本文摘自最高人民法院网，网址：https://www.court.gov.cn/zixun/xiangqing/354121.html。

经法院调解,双方对物权保护纠纷案达成以下调解协议:一、柳某某于三日内返还搬走的全部财物及房产证。二、协议生效起一年内双方互相不得干涉对方生活。三、柳某某于30日内腾退案涉住房所在地的单车棚,逾期冯某某有权自行处分棚内物品。

三、典型意义

《中华人民共和国老年人权益保障法》第16条第一款、第二款规定,赡养人应当妥善安排老年人的住房,不得强迫老年人居住或者迁居条件低劣的房屋,老年人自有的或者承租的住房,子女或者其他亲属不得侵占,不得擅自改变产权关系或者租赁关系;第22条第一款规定,老年人对个人的财产,依法享有占有、使用、收益、处分的权利,子女或者其他亲属不得干涉,不得以窃取、骗取、强行索取等方式侵犯老年人的财产权益;第25条规定,禁止对老年人实施家庭暴力。本案裁判明确,老年人对自己的财产有独立支配权,子女不得以"为父母好"等任何理由侵犯老年人的合法财产权益,不得对老年人实施谩骂、威胁、殴打、限制人身自由等家庭暴力行为。本案准确认定被申请人为侵占老年人财产实施家庭暴力行为的事实,及时作出人身安全保护令,训诫督促被申请人遵守人身安全保护令,有力保护了老年人人身、财产安全,取得了良好的法律效果与社会效果。

案例二

孙某乙申请变更监护人纠纷案

关键词:意定监护、变更监护人

一、基本案情

被监护人孙某某现年84岁,曾患小儿麻痹症,有肢体残疾后遗症,父母、妻子均已过世。2019年,孙某某的房屋因旧房改造被征收。孙某某的女儿孙某甲在其不知情的情况下,申请对孙某某行为能力鉴定并指定自己为监护人,后经司法鉴定科学研究院鉴定,法院判决宣告孙某某为限制民事行为能力人,指定孙某甲为其监护人。现孙某某侄女孙某乙起诉要求变更监护人。经法院查明,上海市普陀区公证处出具的《公证书》载明,孙某某与孙某乙等签订的《意定监护协议》约定委任孙某乙为意定监护人、陶某某为监护监督人。房屋拆迁后,孙某某不再与孙某甲共同生活,孙某某的钱款和证件等均处于孙某乙及其父亲的保存与管理中,孙某乙对其进行照顾。审理中,法院在庭审与居住地调查中多次征询孙某某意见,其均表示希望孙某乙作为监护人。

二、裁判结果

上海市静安区人民法院认为,孙某某虽为限制民事行为能力人,但有一定的理解表达能力,其多次表示不愿意让孙某甲担任监护人、同意孙某乙担任监护人,态度十分坚决。考虑被监护人孙某某的实际状况,孙某甲在客观上无法再继续履行监护职责,亦未将监护责任部分或全部委托给他人。从有利于被监护人孙某某的角度出发,判决变更监护人为孙某乙,希望孙某乙能从维护被监护人利益的角度出发,依法行使监护的权利,认真履行监护职责,切实保护孙某某的人身、财产及其他合法权益,除为维护孙某某的利益外,不得擅自处理孙某某的财产。若孙某乙存在侵害被监护人利益的情况,孙某甲等其他愿意担任孙某某监护人的个人或组织亦可申请法院变更监护人。

三、典型意义

本案系典型的意定监护与法定监护相冲突的变更监护权案判决。法院既考量意定监护协议约定,又考量被监护人的实际生活情况,坚持最有利于被监护人原则和最大程度尊重被监护人真实意愿原则,多次征询被监护人意见,并突击走访被监护人家中和居委会,了解其真实生活与医疗等情况,综合各方因素,依法判决变更监护人。同时,积极引导监护人自觉履行监护职责,切实保障了"失智"老年人的合法利益。此外,本案裁判后,孙某某就案涉房屋拆迁的动迁利益仍在动迁组,保障了孙某某的动迁安置利益等财产安全。

案例三

庞某某诉张某某等二人赡养费纠纷案

关键词:老年人婚姻自由、赡养义务

一、基本案情

原告庞某某,女,现年78岁,先后有两次婚姻,共育有被告张某某等六名子女,其中一名已故。子女中除张某外均已成家。庞某某诉称其现居住于地

瓜中学宿舍,一人独居生活,基本生活来源于拾荒及领取低保金,现年老多病、无经济来源,请求人民法院判令被告张某某等二人每月支付赡养费。

二、裁判结果

贵州省普安县人民法院认为,成年子女应履行对父母的赡养义务,赡养包括经济上的供养、生活上照料和精神上慰藉。原、被告之间系母子(女)关系,被告应在日常生活中多关心、照顾老人,考虑老人的情感需求,善待老人。考虑到原告共有五个成年子女、部分子女还需赡养原告前夫等现实状况,结合被告张某某等二人的年龄、收入情况及原告实际生活需求,判决张某某等二人于判决生效之日起每月向原告庞某某支付赡养费。

三、典型意义

百善孝为先,赡养父母是中华民族的传统美德,也是子女对父母应尽的义务。《民法典》第1069条规定,子女应当尊重父母的婚姻权利,不得干涉父母离婚、再婚以及婚后的生活,子女对父母的赡养义务,不因父母的婚姻关系变化而终止。近年来,再婚老人的赡养问题引起社会广泛关注。当前,父母干涉子女婚姻自由现象越来越少,而子女干涉父母婚姻自由的现象却屡见不鲜,许多子女在父母再婚时设置重重障碍,无情干涉,迫使许多父母牺牲了自己的婚姻自由。有的子女以父母再婚为由,拒绝履行赡养义务。但是,赡养人的赡养义务不因老年人的婚姻关系变化而消除。经过法院的多次调解工作,子女能按时支付老年人的赡养费用,多年的母子情得以重续。

案例四

孙某甲诉某老年公寓公司服务合同纠纷案

关键词:养老服务、附随义务

一、基本案情

2018年,原告孙某甲的儿子孙某乙与被告某老年公寓公司签订《入住公寓协议书》,孙某乙将原告孙某甲送养至被告某老年公寓公司,每月支付服务费1800元。孙某甲在上述协议上手写说明:本人有精神疾病,如有摔伤与公寓无关,自己负责。协议签订后,孙某甲入住公寓。某日14点左右,孙某甲于公寓卧室内摔倒在床边地上受伤。当晚22点29分,孙某甲被送往医院住院治疗。现孙某甲提起诉讼,请求被告某老年公寓公司赔偿医疗费、住院生活补助费、残疾赔偿金、护理费等费用。

二、裁判结果

重庆市江津区人民法院认为,某老年公寓公司作为专业的养老机构,应该有应对突发事件的预案措施。某老年公寓公司虽主张按协议免责,但从孙某甲在公寓房间摔伤至被送医院治疗,超过合理时间。某老年公寓公司工作人员发现后未及时将孙某甲送往医院,也未及时通知家属,导致孙某甲未得到及时治疗,系未履行合同附随的通知义务、未采取有效的应急措施,应承担相应责任,并不属于协议约定的免责事项。判决某老年公寓公司赔偿原告孙某甲医疗费、住院生活补助费、残疾赔偿金、护理费等费用。

三、典型意义

本案裁判明确,养老服务机构未履行合同的附随义务,不得以免责条款排除责任。虽然本案双方当事人约定了免责条款,但是注意、通知、协助等合同附随义务并不属于免责条款的内容。某老年公寓公司作为专业的养老服务机构,应当充分履行合同义务,不仅要按照养老服务合同约定对老年人进行悉心照顾,还应根据合同的性质就相关事宜履行注意、通知、协助等附随义务。我国养老服务行业起步较晚,目前仍存在设施配备不够完善,以及责任意识、法治意识有待提高等问题。本案对于厘清养老服务合同当事人的权利义务关系,强化养老服务行业主体责任意识,提高养老机构经营管理水平,助力机构养老发展,加强老年人权益保障,意义十分深远。

案例五

李某某诉高某某、某保险公司机动车交通事故责任纠纷案

关键词:机动车交通事故、退休老年人误工费

一、基本案情

2017年,高某某驾驶车辆与魏某某驾驶的电动三轮车相撞,造成两车损

坏,魏某某及乘车人李某某受伤。交管部门认定,高某某负事故全部责任。李某某被医院诊断为创伤性蛛网膜下腔出血、鼻骨骨折、左侧锁骨闭合性骨折、左侧第一肋骨骨折、右手拇指骨折等,住院31天,并多次接受治疗。高某某驾驶的车辆在某保险公司投保了机动车第三者责任强制保险及商业保险。李某某起诉要求高某某、某保险公司赔偿医疗费、住院伙食补助费、营养费、护理费、误工费、交通费,共计12万余元。

二、裁判结果

北京市延庆区人民法院判决:一、某保险公司在机动车第三者责任强制保险责任限额范围内赔偿李某某医疗费、护理费、误工费、交通费,共计3万余元;二、某保险公司在商业保险责任限额范围内赔偿李某某医疗费、住院伙食补助费、营养费,共计3万余元等。保险公司提起上诉。北京市第一中级人民法院认为,本案二审争议焦点为李某某误工费的赔偿问题。李某某于事故发生前在水泥厂工作,月收入3000元,虽然李某某已逾60周岁,但仍具有通过劳动获得报酬的能力,且其能证明事故发生前的收入状态,故李某某因本次事故导致的误工减少的收入应依法获得赔偿;一审法院结合李某某的伤情、治疗情况及医嘱情况等依法酌定的误工费金额并无不当。判决:驳回上诉,维持原判。

三、典型意义

在侵权纠纷案件中,有观点认为,已逾法定退休年龄的老年受害人不存在误工费问题,因此对该请求不应当予以支持。本案裁判明确,对于超过法定退休年龄但仍具有劳动能力、并通过劳动获得报酬的老年人,其因事故导致误工的收入减少应依法获得赔偿。《中共中央、国务院关于加强新时代老龄工作的意见》明确要促进老年人社会参与,鼓励老年人继续发挥作用。本案从维护老年人合法权益的角度出发,对于超过法定退休年龄受害人的误工费予以支持,在司法实践中具有代表性和参考价值。对于维护老年人就业权益,充分发挥低龄老年人作用,推动实现老有所为、老有所养,具有一定的指导意义。

最高人民法院发布老年人权益保护第三批典型案例

案例一

对老年人消费欺诈应承担惩罚性赔偿责任
——杨某某诉某健康科技有限公司买卖合同纠纷案

关键词：消费欺诈、惩罚性赔偿

一、基本案情

杨某某经介绍加入某健康科技有限公司销售微信群，工作人员不断在其中宣传推广一款光量子芯片医用冷敷贴，称系经核准的国家一类医疗器械，能抗衰老、预防疾病等。并以赠送礼等方式诱导其多次免费体验。杨某某后花费近3万元购买产品，使用后未觉见效。杨某某认为存在消费欺诈，起诉请求判令某健康科技公司退款并三倍赔偿。经查，该产品核准的产品适用范围仅为物理退热理疗等功能。

二、裁判结果

审理法院认为，《中华人民共和国消费者权益保护法》第五十五条第一款规定，经营者提供商品或者服务有欺诈行为的，应当按照消费者的要求增加赔偿其受到的损失，增加赔偿的金额为消费者购买商品的价款或者接受服务的费用的三倍；增加赔偿的金额不足五百元的，为五百元。法律另有规定的，依照其规定。本案中，公司人员对医疗器械突出宣传未经国家核准的预期用途和性能，且与说明书适用范围严重不符，误导消费者，致使杨某某以明

---

① 本文摘自最高人民法院网，网址：https://www.court.gov.cn/zixun/xiangqing/398342.html。

显畸高的价格购买仅具有冷敷退热功能的医用冷敷贴,构成虚假宣传误导消费者的欺诈行为,应当承担退一赔三的惩罚性赔偿责任。判决该公司退还杨某某全部货款并赔偿三倍损失。

三、典型意义

健康消费是老年人关注的重要领域。现实生活中,一些商家利用老年人对健康的重视,通过夸大产品的保健治疗功能诱导老年人进行消费。近年来,随着智能手机的普及,通过微信群等媒介虚假宣传,形式更加隐蔽化,需要引起高度重视。本案判决明确了在微信群对医疗器械、药品等功效进行虚假宣传误导老年消费者,构成欺诈,应承担惩罚性赔偿责任。本案对于引导经营者诚信经营,维护老年消费者的健康权益具有典型示范作用。

案例二

对失能老年人监护加强监督 保障其得到最有利监护
——赵甲、赵乙、赵丙申请指定监护人纠纷案

关键词:监护监督、最有利于被监护人

一、基本案情

老人严某某有赵甲、赵乙、赵丙三子女,老人自丈夫去世至患病住院前一直与赵甲共居生活。住院期间三子女均有看护,存折及证件由赵甲管理。老人现无民事行为能力。三子女就老人监护事宜存在争议,起诉申请由法院指定监护人,均主张他人存在不利监护因素,自己最适于担任老人监护人。

二、裁判结果

审理法院认为,《中华人民共和国民法典》第三十一条规定,人民法院应当尊重被监护人的真实意愿,按照最有利于被监护人的原则在依法具有监护资格的人中指定监护人。本案中,赵甲与老人长期共同生活,为最便利履行监护职责,结合照顾现状、交通条件等情况,判决指定赵甲担任严某某监护人,令其每月向赵乙、赵丙公示上一月度严某某财产管理及监护情况。

三、典型意义

随着我国社会人口老龄化程度不断加深，失能老人生活照顾、财产管理等成为困扰许多家庭的难题。被指定的监护人能否尽心尽力、依法履职，由谁来履行监督职能，更是实践操作的堵点。本案判决按照最有利于被监护人的原则，确定以监护人履职报告和定期公示为内容的创新模式，让失能老人监护归于"老人本位、家庭成员共同参与"。不仅有利于促进矛盾纾解和孝亲敬老家风建设，也对监护人监督模式进行了有益探索。

案例三

投保老年人健康保险已履行告知义务应依法获赔
——李某诉某保险公司健康保险合同纠纷案

关键词：老年健康保险、告知义务范围

一、基本案情

2020年9月，李某与某保险公司签订《支付宝老年防癌险电子保险单》，投保老年防癌险。保险单健康告知部分需要告知的疾病、体征或症状不包括慢性支气管炎。半年后李某经诊断为气管肿瘤癌变，向该保险公司提出索赔申请。该保险公司以李某患慢性支气管炎投保时未告知而严重影响其承保决定为由拒赔。李某起诉请求判令该公司履行保险合同，赔付医疗费用。

二、裁判结果

审理法院认为，《中华人民共和国保险法》第十六条第一款、第二款规定，订立保险合同，保险人就保险标的或者被保险人的有关情况提出询问的，投保人应当如实告知。投保人故意或者因重大过失未履行前款规定的如实告知义务，足以影响保险人决定是否同意承保或者提高保险费率的，保险人有权解除合同。本案中，保险公司在保险单需要告知的部分并未询问被保险人是否患有慢性支气管炎。李某在投保时已合理履行如实告知义务，保险公司无权解除该保险合同。李某被诊断为肿瘤癌变，依据癌症医疗保险条款，判决某保险公司继续履行保险合同，支付李某医疗费16万余元。

三、典型意义

健康保险是老年人安度晚年的重要保障。目前,针对老年人的保险投保门槛较低,而老年人因为年龄等原因,可能存在一些基础病情况,存在纠纷隐患。本案判决明确投保老年人健康保险时,已根据保险公司询问事项履行如实告知义务。在保险公司询问之外的事项,不属于告知范围。判决有力维护了患重大疾病老年人的合法权益,保障老有所安,同时,也提示保险公司开展此项业务的相关风险,具有一定的典型意义。

案例四

未按约定提供养老养生服务应依法承担违约责任

——吴某诉某养老产业发展有限公司
养老服务合同纠纷案

关键词: 养老服务、养老产业

一、基本案情

某养老产业发展有限公司是一家为老年人、残疾人提供养护服务的酒店。2019年,吴某同该公司签订养生养老合同,约定吴某支付预订金后,即获得会员资格和相应积分,积分可以在该公司旗下任何酒店抵现使用。预付的订金如果没有额外消费,期满后还可退还。吴某支付21万元预订金后,该公司无法提供相应服务且不退款。吴某起诉请求解除合同,并判令该公司返还预订金及利息。

二、裁判结果

审理法院认为,《中华人民共和国民法典》第五百六十三条规定,当事人一方迟延履行债务或者有其他违约行为致使不能实现合同目的的,当事人可以解除合同。民事主体从事民事活动应当遵循诚信原则,秉持诚实,恪守承诺。本案中,双方签订的养生养老合同合法有效,某养老产业发展有限公司收到吴某定金后无法提供相应服务,存在根本违约,吴某享有合同解除权。判决某养老产业发展有限公司返还吴某预订金,并支付利息。法院亦将该公司涉嫌养老诈骗犯罪线索移送公安机关。

三、典型意义

随着人们生活水平的提高,老年人越来越注重生活品质。部分企业关注到养生养老服务的商机,以提供疗养服务、支付预订金获得会员资格和积分消费等名义吸引老年人签订养老合同,进行大额充值消费。司法既应保护相关新兴产业的发展,引导其合法规范经营,又依法制裁其中违法犯罪行为,保护老年人财产权益,守护老年人生活安宁。本案在民事审判中依法认定养老服务机构根本违约的同时,将涉嫌犯罪线索及时依法移送公安机关,对遏制针对老年人养老消费领域的恶意诱导,打击针对老年人的侵财违法犯罪行为、净化养老产业,具有一定的示范意义。

案例五

子女处分老年人购买并长期居住的房屋应尊重其意愿

——吕某诉戴某排除妨害纠纷案

关键词:权利滥用、安土重迁

一、基本案情

戴某(85岁)系吕某之母。案涉房屋系吕某父亲生前依单位保障家庭用房政策出资购买,戴某一直居住在该房屋内。吕父去世后戴某同意房屋登记于吕某名下。在工作日期间,吕某夫妇为接送孙辈上下学与戴某共同居住。吕某为生活便利欲置换房屋,承诺保障戴某居住需求。戴某认为自己已在该处居住半生,邻里熟悉,就医便利,希望能在此终老。即使新居面积更大、条件更优,亦不愿搬离旧宅。因协商未果,吕某以房屋所有权人身份起诉请求判令戴某不得妨害其置换房屋行为。

二、裁判结果

审理法院认为,《中华人民共和国民法典》第一百三十二条规定,民事主体不得滥用民事权利损害国家利益、社会公共利益或者他人合法权益。戴某虽放弃登记为所有权人,但对该房屋仍有正常居住的权益。吕某欲置换房屋以提高居住品质,但戴某已至耄耋之年,有在此颐养天年直至终老的意愿,吕某轻视戴某意愿而欲售房置换不当。判决驳回吕某的诉讼请求。

三、典型意义

中华民族素有安土重迁、落叶归根的传统。本案判决没有机械按照物权变动规则支持登记权利人的主张,而是全面考虑房屋来源和现实情况,充分尊重耄耋老人对旧有居所数十载的多重情愫和美好回忆,及老人对自身社交、就医养老处所的现实考虑,明确家庭成员要尊重老年人意愿,不应滥用民事权利排除老年人居住权益,不得违背公序良俗。本案判决对于如何细化老年人居住权益保障,真正实现老有所居、老有所安,切实维护老年人权益,具有一定的指导意义。

案例六

分配遗产时应依法保护被继承人老年配偶权益
——孙丙诉袁某、孙乙继承纠纷案

关键词:分配遗产、保护老年配偶

一、基本案情

老人袁某与孙甲有婚生子孙乙、养女孙丙。二人有房产、存款若干。2005年孙甲患病不能自理,住院15年至去世均由袁某照顾护理。孙乙因犯罪长期服刑。孙丙大学毕业到外埠工作定居。老人住院期间仅探望几次。孙甲去世尚未安葬时,孙丙即起诉要求分配遗产。

二、裁判结果

审理法院认为,原《中华人民共和国继承法》第十三条规定,同一顺序继承人继承遗产的份额,一般应当均等。对被继承人尽了主要扶养义务或者与被继承人共同生活的继承人,分配遗产时,可以多分。有扶养能力和有扶养条件的继承人,不尽扶养义务的,分配遗产时,应当不分或者少分。本案中,孙甲未留遗嘱,应当按照法定继承顺序继承,第一顺位继承人为袁某、孙乙、孙丙。袁某年过七十,存款甚少,与孙丙关系无法缓和,孙乙七年后才能出狱,袁某面临老无所依的状况。判决孙甲遗产中的房产、银行存款、抚恤金等均归袁某所有,并分别给付孙乙、孙丙少部分折价款。

三、典型意义

家庭是组成社会的最基本单元,子女赡养、夫妻扶助,是老年人步入晚年后最常见的养老方式。家庭成员应当尊重、关心和照料老年人,成年子女更是负有赡养父母的法定义务。子女与配偶虽同为第一顺位法定继承人,但在依照法定继承分配遗产时,对被继承人尽了主要扶养义务或者与被继承人共同生活的继承人,可以多分;而对有扶养能力和有扶养条件的继承人,不尽扶养义务的,应当不分或少分。本案二审考虑了各继承人履行义务的情况,并特别注意保护被继承人老年配偶的合法权益,以确保老年人老有所居、老有所养。

案例七

子女应当尊重老年人选择的合理养老方式
——苏甲诉苏乙等赡养纠纷案

关键词: 养老方式、精神赡养

一、基本案情

苏甲与代某夫妻育有苏乙等六名子女。代某去世多年,苏甲现已94岁高龄,无住房,视力残疾,平时出行不便,需要看护。在长子家中生活十年,家庭矛盾较深,其他子女均无照顾意愿。苏甲要求入住养老院,因每月需缴纳费用等与子女发生争议,苏甲起诉请求判令六子女支付赡养费,并每月探望一次。

二、裁判结果

审理法院认为,《中华人民共和国民法典》第二十六条规定,成年子女对父母负有赡养、扶助和保护的义务。《中华人民共和国老年人权益保障法》第十八条规定,家庭成员应当关心老年人的精神需求,不得忽视、冷落老年人。与老年人分开居住的家庭成员,应当经常看望或者问候老年人。苏甲将子女抚养长大。六子女依法应履行赡养义务,包括对老人精神慰藉。苏甲基于家庭现实情况,要求到养老机构生活,应当尊重其意愿。综合考量苏甲实际需要、各子女经济条件和负担能力及当地生活水平等因素,判决六子女每人每月给付苏甲赡养费500元。六子女对苏甲除履行经济上供养、生活上照料的义务外,还应履行精神上慰藉的义务,每人每月应当看望及电话问候苏甲一次。

三、典型意义

现实生活中,有些老年人基于家庭现实情况考虑,选择在养老机构安度晚年。应当依法保障老年人对于养老方式多样化的诉求及其自主选择养老方式的权利。此外,子女不仅应履行经济上供养的义务,还应重视对老年人的精神慰藉。本案判决体现了对老年人在养老方式等问题上自主意愿的尊重,和对于精神赡养的倡导,充分保障老有所依。

案例八

子女不得干涉老年人自主处分个人财产
——任某诉李某合同纠纷案

关键词:保管、财产处分权

一、基本案情

任某系李某之母。2022年2月,双方签订协议,约定任某将其存款存入李某账户,该款仅用于任某养老;任某生养死葬由李某负责。协议签订后,任某将13万元存款转入李某账户。李某从该存款中为任某支付医疗费800余元。后任某提出从该存款中支取3000元用于生活,被李某拒绝。任某遂起诉请求判决解除双方协议,并由李某立即返还剩余款项。

二、裁判结果

审理法院认为,《中华人民共和国民法典》第一百三十条规定,民事主体按照自己的意愿依法行使民事权利,不受干涉。老年人对个人财产依法享有占有、使用、收益和处分的权利,子女不得干涉,不得侵犯老年人财产权益。任某将其剩余存款交由李某保管并安排供其养老使用,双方形成保管合同关系。李某不履行相应义务,干涉任某对个人财产的自主处分,损害了任某的权利,任某有权要求李某向其返还所保管的剩余款项。判决解除协议并判令李某返还任某剩余款项。

三、典型意义

老年人对个人财产依法享有占有、使用、收益和处分的权利,子女不得侵犯老年人财产权益。近年来,子女以"为父母好"为由监管掌控父母财产的情况时有出现。老年人经济上的不自由,影响了老年人生活的便利程度及幸福感。本案就老年人对自身财产享有的合法权益予以保护,明确了子女不得以任何形式违法干涉老年人对个人财产处分的规则导向。